C.H.BECK ■ WISSEN

in der Beck'schen Reihe

Das Gebiet des heutigen Luxemburg ist uraltes Kulturland. Die ältesten Besiedlungsspuren führen weit in die Altsteinzeit zurück, und seit dem Einsetzen der schriftlichen Überlieferung – seit den Tagen der Treverer und Römer – über das Mittelalter und die Neuzeit hinweg ist eindrucksvoll belegt, wie die Menschen diese Kernregion Europas schätzen lernten, sie kultivierten und ihre Heimat seit dem 19. Jahrhundert schließlich zu einem modernen und souveränen Staat entwickelten. Doch verlief diese Entwicklung durch die Jahrhunderte keineswegs geradlinig und ohne Brüche. Begehrlichkeiten mächtiger Nachbarn, stürmische Phasen der europäischen Geschichte, innere Verwerfungen und die Barbarei des Nationalsozialismus haben Land und Leute nicht verschont und den Werdegang Luxemburgs geprägt. Michel Pauly zeichnet in diesem instruktiven kleinen Buch souverän den Weg Luxemburgs von seinen frühesten Anfängen bis in die Gegenwart nach und nimmt dabei konsequent auch die angrenzenden Länder und die unmittelbaren Nachbarregionen in den Blick.

Michel Pauly lehrt als Professor für transnationale luxemburgische Geschichte an der Universität Luxemburg. Er gilt als Experte für Luxemburger Regionalgeschichte und ist Präsident des *Centre Luxembourgeois de Documentation et d'Études Médiévales* (CLUDEM). Seit 2006 ist er Vorsitzender der Internationalen Kommission für Städtegeschichte. Zwischen 1988 und 2002 hat Michel Pauly maßgeblich an dem Trierer Forschungsprojekt *Zwischen Maas und Rhein. Beziehungen, Begegnungen und Konflikte in einem europäischen Kernraum von der Spätantike bis zum 19. Jahrhundert* mitgewirkt.

Michel Pauly

GESCHICHTE LUXEMBURGS

Verlag C.H.Beck

Mit zwei Karten
(Gefertigt von Peter Palm, Berlin)

Die erste Auflage dieses Bandes erschien 2011.

2., überarbeitete Auflage. 2013

Originalausgabe
© Verlag C.H.Beck oHG, München 2011
Satz: Fotosatz Reinhard Amann, Aichstetten
Druck und Bindung: Druckerei C.H.Beck, Nördlingen
Umschlagentwurf: Uwe Göbel, München
Printed in Germany
ISBN 978 3 406 62225 0

www.beck.de

Inhalt

Einleitung

1989 feierte Luxemburg den 150. Jahrestag seiner Unabhängigkeit. Das Datum ging ins kollektive Gedächtnis ein, weil die Regierung 1939 den 100. Jahrestag des Londoner Vertrags von 1839 mit einigem Aufwand begangen hatte, um angesichts des drohenden Überfalls durch Nazi-Deutschland den Unabhängigkeitswillen der Luxemburger Nation für alle sichtbar zu unterstreichen. Die rechtliche Geburtsstunde des heutigen Staates liegt indes beim Wiener Kongress von 1815, im Zuge dessen aus diplomatischen Gründen das Großherzogtum Luxemburg geschaffen und König Wilhelm I. der Vereinigten Niederlande als Privatbesitz übertragen wurde. Da Wilhelm das Großherzogtum behandelte, als sei es die 18. Provinz seines Königreiches, kam es erst nach 1839, nach der Trennung von den 1830 unter dem Namen Belgien unabhängig gewordenen Südprovinzen, zur allmählichen Ausbildung eines luxemburgischen Nationalstaats und eines Nationalbewusstseins.

Im Zuge der Staatswerdung konstruierte die nationalistische Geschichtsschreibung im 19. Jh. eine historische Kontinuität zwischen der mittelalterlichen Grafschaft Luxemburg und dem 1815 beim Wiener Kongress geschaffenen Großherzogtum Luxemburg. Während dabei die Gründung der Stadt Luxemburg und die Entstehung der Grafschaft im 10. Jh. Graf Siegfried aus dem Ardennergau zugeschrieben und der Aufstieg der Luxemburger Territorialherren im 14. Jh. zu Kaisern des Römisch-Deutschen Reiches glorifiziert wurden, betrachtete man die nachfolgenden Jh.e, in denen Herzöge, Könige oder Kaiser aus den Häusern Burgund, Habsburg, Bourbon oder gar Oranien-Nassau die Herrschaft im Herzogtum Luxemburg innehatten, ganz zu schweigen vom französischen Revolutionsregime und der napoleonischen Herrschaft, als unglückliche Zeiten der Fremdherrschaft. Die traditionelle Meistererzählung (d. h. historische

Großdeutung) zur Luxemburger Geschichte datiert den Abschluss der Nationenwerdung in den Zweiten Weltkrieg, als die
Nation Luxemburg erstmals für ihre Unabhängigkeit im Widerstand gegen die Nazi-Besatzung einen grausamen Blutzoll ent-
richten musste.

Daten, um die Anfänge der Geschichte Luxemburgs zeitlich
zu verorten, gibt es also genug. Auch wenn der Name Luxemburg erst im 10. Jh. urkundlich nachweisbar ist, auch wenn er
im Mittelalter nur ein Grafenhaus und ein Territorium, aber
noch kein Volk bezeichnete, auch wenn staatliche Strukturen
erst seit dem 19. Jh. bestehen, wird im vorliegenden Buch die
Geschichte des Luxemburger Raumes von der Vor- und Frühge-
schichte bis heute dargestellt. Dieser metanationale Ansatz zielt
darauf, die nationale Verengung in der Geschichtsschreibung in
chronologischer Hinsicht zu überwinden. Dargestellt wird also
die Geschichte des Luxemburger Raums auch für jene Epochen,
als es noch kein Luxemburg gab – weder als Ort noch als Dynastie, noch als Territorium und schon gar nicht als Staat oder
Nation.

Aus demselben Grund wird der Leser häufig von Entwicklungen und Ereignissen lesen, die in Gebieten stattfanden, die heute
zu Belgien, Deutschland oder Frankreich gehören. Das gilt auch
für die jüngere Epoche, da die Geschichte des Kleinstaats gar
nicht anders als transnational, d. h. durch die Einbindung in
größere Räume, nachzuvollziehen ist. Auf industrieller wie auf
kultureller Ebene ist die Entwicklung Luxemburgs eng mit jener
der Großregion Saar-Lor-Lux-Wallonien verbunden, aber auch
mit jener der benachbarten Staaten und Kulturräume und darüber hinaus mit ganz Westeuropa. Der Blick über Grenzen hinweg muss dem Historiker Luxemburgs mehr noch als Fachver-
tretern, die größere Staaten porträtieren möchten, zum Er-
kenntnisprinzip werden.

I. Von der Alt- zur Jungsteinzeit

Die ältesten prähistorischen Funde in Europa nördlich der Alpen sind rund 600 000 Jahre alt und datieren in die Zeit des *homo erectus*. Die ältesten Siedlungsspuren auf dem Gebiet des heutigen Luxemburg sind mindestens 350 000 Jahre alt und stammen alle aus Oberflächenfunden auf den höheren Terrassen des Mosel- und Sauertales, wie auch von einigen Hochflächen des Gutlandes, der Landschaft, welche die südlichen Zweidrittel des Landes ausmacht. Diese Steinartefakte belegen menschliche Präsenz nicht nur während den Warm- oder Zwischeneiszeiten, sondern auch während der Kaltphasen. Die Menschen lebten als Nomaden vom Früchtesammeln und von der Jagd auf Tiere wie Mammut, Wollnashorn, Wildpferd, Ur und Rentier, um nur einige zu nennen. Belegt werden kann diese saisonale Mobilität durch die spezifische Herkunft von verarbeitetem Steinmaterial. So besteht ein bei Remich gefundener Faustkeil aus Taunusquarzit, der beim lothringischen Grenzort Sierck zu Tage tritt.

Aus der mittleren Altsteinzeit belegen Siedlungsreste in Form von Steinartefakten die Epoche des Neandertalers (250 000 bis 38 000 v. Chr.) im gesamten Gutland. Sie bestehen neben dem lokalen oder regionalen Quarz und Quarzitgeröll zunehmend aus qualitativ besserem Feuerstein aus entfernteren Gebieten, was wiederum die Bedeutung der saisonalen Mobilität und ihre Ausweitung erkennen lässt.

Das Auftreten des *homo sapiens sapiens*, vor dem Höhepunkt der letzten Kaltzeit, definiert den Beginn der jüngeren Altsteinzeit (38 000 bis 11 500 v. Chr.). Eine früh untersuchte und für das Luxemburger Sandsteinplateau typische Fundsituation bildet die Klufthöhle von Ötringen, wo Tausende Knochenreste der eiszeitlichen Tierwelt zusammen mit einigen menschlichen Steinwerkzeugen gefunden wurden. Sie waren durch Erosionsvorgänge in die Klüfte am Rand des Sandsteinplateaus gelangt. Aus dieser Fundstelle stammen auch die ältesten in Luxemburg gefundenen Schmuckelemente in Form durchbohrter Anhänger aus Hirschzähnen.

Mit Beginn des Holozäns (um 11 500 v. Chr.) führte eine zunehmende Erwärmung und Waldausbreitung zu einem Verschwinden der Steppentiere wie Ren oder Wildpferd; an ihre Stelle traten Waldtiere wie Hirsch, Reh, Schwein oder Auerochs. Diese Tiere wurden mit der nunmehr allgemein verbreiteten Bogenwaffe gejagt, wobei die Pfeile mit immer feineren Steinspitzen bewehrt waren. Besiedlungsspuren aus dieser Zeit, der mittleren Steinzeit oder auch Mesolithikum, sind im gesamten Raum vorhanden, z. B. bei Berdorf, wo unter einem Felsdach archäologische Zeugnisse von mit Steinen umbauten Feuerstellen ausgegraben wurden. Eine Brandbestattung (C¹⁴ Datierung: 7050–6685 v. Chr. kalibriert) und eine Körperbestattung (C¹⁴ Datierung: 6210–5920 v. Chr. kalibriert), die 1935 unter dem Felsüberhang «Loschbour» bei Reuland ausgegraben wurden, bargen die ältesten menschlichen Überreste auf dem Gebiet des heutigen Luxemburg.

Bildeten bis dahin Jagen und Sammeln die Grundlagen menschlicher Existenz in Mitteleuropa, so wird der Beginn der Jungsteinzeit (5200 bis 2000 v. Chr.) durch die Einführung von Ackerbau und Viehzucht, verbunden mit Sesshaftigkeit und Hausbau, Töpferei und Steinschliff, also einer produzierenden Wirtschaftsweise, definiert. Die Keramikfunde können dank der charakteristischen Verzierungen zwei großen Kulturen in Zentraleuropa zugewiesen werden: der sogenannten Bandkeramik-Kultur und der Rössen-Kultur. Erreichte die erste neolithische Kultur Mitteleuropas, die Bandkeramik, über die Flusssysteme von Donau, Main, Neckar, Rhein sowie Maas und Mosel schließlich das Pariser Becken, so gibt es gerade für die Luxemburger Region Hinweise darauf, dass hier ein «donauländischer» und ein «mediterraner» Neolithisierungsstrom aufeinandertrafen.

Ein typischer Siedlungsplatz der Bandkeramik (5200 bis 4900 v. Chr.) wurde in den 1990er Jahren bei Schengen entdeckt. Die rund 20 ausgegrabenen Hausgrundrisse waren zwischen 9,5 und 27 Meter lang und zwischen 5 und 7 Meter breit. Eine noch auf 21 Meter erhaltene Zaunspur deutet auf Viehzucht hin. Die Dekore der Gefäße stammen aus mindestens sechs Perioden, in die sich die Bandkeramikzeit unterteilen lässt.

Auch die Rössen-Kultur (4900 bis 4300 v. Chr.) lässt sich im Luxemburger Land nachweisen. In der Klufthöhle «Karelslee» bei Waldbillig wurden Kugelbecher mit Sparrenmuster, Sicheln, Mahlsteine und anderes mehr gefunden, doch der Ort diente schwerlich Wohnzwecken. Eher wurden dort Nahrungsvorräte gelagert und eventuell (Fleisch) geräuchert und (Getreide) geröstet. Mehrere Muscheln *(dentalium vulgare)* wurden vom Atlantik oder Mittelmeer über mindestens tausend Kilometer Luftlinie als Schmuckelemente importiert und illustrieren mithin die weitläufigen kulturellen Beziehungen, die das Neolithikum charakterisieren.

Vom Ende der Jungsteinzeit stammt die Fundstelle bei Altwies. Dabei handelt es sich um zwei Körperbestattungen, eine davon eine Doppelbestattung einer erwachsenen Frau, die ein Kleinkind in den Armen hielt (C^{14} Datierung: 2430–2210 v. Chr. kalibriert). Dieser Befund ist kennzeichnend für das Bestattungsritual der Glockenbecherkultur (2450 bis 2000 v. Chr.).

2. Die Treverer

Die Kelten waren weder ein homogenes Volk, noch bildeten sie eine politische Einheit, noch wussten sie von einer gemeinsamen Identität. Doch kulturell und sprachlich waren die keltischen Volksstämme, die von Irland bis Anatolien siedelten, miteinander verwandt. Das von Caesar wegen seiner Reiterei gerühmte keltische Volk der Treverer siedelte zwischen Rhein und Maas. Als Zeichen eines bedeutenden Entwicklungsschubs kann man die sechs seit der Wende vom zweiten zum ersten Jh. v. Chr. nachgewiesenen, umwallten urbanen Zentren, *oppida* genannt, ansehen, die über Ardennen und Hunsrück verteilt waren.

Eines davon ist das im heutigen Luxemburg gelegene Oppidum auf dem Titelberg, dessen keltischer und römischer Name unbekannt bleibt. Das Hochplateau liegt in der eisenerzhaltigen Minettegegend, 130 Meter über dem Tal der Korn, an der Wasserscheide zwischen Rhein- und Maasbecken, wo die Ausläufer der Ardennen das von Süden kommende Wegenetz zwingen, entweder nach Osten, dem Moseltal folgend, an den Rhein oder nach Westen in Richtung Champagne und Nordseeküste abzubiegen. Die Siedlung auf dem Plateau profitierte dank der steilen Abhänge von einer natürlichen Verteidigungslage. Sie wurde zusätzlich auf der Ostseite, wo der Zugang vom benachbarten Plateau aus am leichtesten war, durch einen massiven Wall mit Toranlage geschützt. Die Archäologen konnten fünf Bauphasen unterscheiden, von denen die vierte dem von Caesar beschriebenen Typ *murus gallicus* – ein mit Stein und Erde verfülltes Holzgerüst – entspricht. Der Wall der zwei letzten Bauphasen umschloss das gesamte 43 ha große Plateau. Die dortige Siedlung war somit nach dem Donnersberg und dem Martberg an der Untermosel das drittgrößte treverische Oppidum. Öfen und Schlacken lassen auf eine intensive Bronze- und Eisenverarbeitung schließen. Außerdem sind Töpferwerkstätten und ein Münzatelier archäologisch nachgewiesen, jedoch keine landwirtschaftlichen Zwecken dienenden Gebäude. Der Titelberg ist als handwerkliches Produktions- und Fernhandelszentrum der Treverer anzusehen. Zahllose Münzfunde stammen zu einem Drittel von 30 verschiedenen Völkern aus ganz West- und Südgallien, während treverische Münzen vom Titelberg bis an den Mittelrhein gelangten. Hauptexportgüter dürften Waffen und Werkzeuge aus Eisen sowie Pferde gewesen sein. Im Unterschied zu anderen keltischen Ethnien fehlen nämlich Pferdeknochen in den Abfallgruben. Schweinedarstellungen als Weihegaben aus Bronze wurden schon im 19. Jh. ausgegraben und an den Louvre in Paris verkauft. Importkeramik wie Amphoren, kampanische Töpferware und Bronzegefäße aus Etrurien zeugen von Handelsbeziehungen mit den Römern vor der Eroberung Galliens – so kommt dem Titelberg im Vergleich zu anderen treverischen Oppida eine Sonderstellung zu.

Im Osten des Plateaus wurde ein 10 ha großer heiliger Bezirk erforscht, den von Anfang an ein breiter und tiefer Graben vom Rest der Siedlung trennte. Dieser war mit Miniaturwaffenschilden, Hunderten von Fibeln, Zehntausenden von Tierknochen und etwa zehn menschlichen Schädeln gefüllt. Ob hier Menschenopfer dargebracht wurden oder der letzte Krieger, der zur Heeresversammlung erschien, mit dem Tod bestraft wurde, muss offenbleiben. In diesem unbebauten Bereich gab es schon früh Palisaden, die Korridore bildeten, wie man sie im mediterranen Raum zur Durchführung von Volksabstimmungen findet. Um die Mitte des 1. Jh.s v. Chr. wurde eine große Halle gebaut, vor der ein Opferaltar stand. Der Bezirk diente auch als Marktplatz. Angesichts dieser Befunde, der planmäßigen Anlage der gesamten Siedlung, der Prägung von Gold-, Silber-, Potin- (eine Legierung auf Kupferbasis) und seit der römischen Eroberung auch von Bronzemünzen, die angesichts ihres geringen Werts eine politische Garantie brauchten, um als Tauschmittel anerkannt zu werden, muss man davon ausgehen, dass der Titelberg nicht nur das wirtschaftliche, sondern auch das politische und religiöse Zentrum, sozusagen die Hauptstadt der Treverer war.

Da auf dem Titelberg wie in den meisten Oppida Bauernhäuser und Fürstenpaläste fehlen und auch das Gräberfeld von Lamadeleine am Fuß des Oppidums keine Hinweise auf diese Schichten liefert, ist davon auszugehen, dass die Herren in der Nähe der im Umland ausgegrabenen Grabanlagen wohnten. Dort dürften auch die aus vergänglichem Material gebauten Bauernhütten gestanden haben. Ihre Bewohner hatten dem Herrn die Ernte abzuliefern, der sie dann ins urbane Zentrum auf dem Titelberg schaffen ließ, dessen Eisenproduktion er genauso kontrollierte wie die planmäßige Anlage der Siedlung und des Ringwalls.

In einem Umkreis von 20 km um den Titelberg wurden bei Petingen, Küntzig, Göblingen und Nospelt entsprechende Fürstengräber entdeckt. Als um 80 bis 60 v. Chr. bei Küntzig ein Adeliger, in ein Bärenfell gewickelt, eingeäschert und in einer der größten bis heute entdeckten keltischen Grabkammern (4,3 x 4,2 m) aus Eichenholz beigesetzt wurde, setzten die Hinterbliebenen auf den Grabhügel ein Rohr aus Ton, das Fragment eines Rennofenkamins: Mit seiner Hilfe sollte man Trinkopfer ins Grab gießen können, aber es versinnbildlichte auch die Rolle des Toten als Eisenhüttenherr. Auch hier zeugen zehn Amphoren und ein italisches Bronzebecken von frühen Kontakten mit den Römern, während wie in Göblingen Scheiterhaufen, Bankettüberreste und die Scherbenteppiche aus rund 20 Amphoren, die über 400 Liter Wein fassten, das detaillierte Studium der Bestattungsriten der (Spät)Latènekultur (letztes Jh. v. Chr.) ermöglichen. 29 jüngere Gruben mit verbrannten Tierresten zeugen von einem noch lange praktizierten Totenkult. Dieses Merkmal lässt sich auch bei den Gräbern von Göblingen beobachten, wo auf dem Grab einer um 20 bis 15 v. Chr. bestatteten Adligen noch bis ins 2. Jh. n. Chr. Tieropfer dargebracht und Münzen sowie zwei Matronenstatuetten niedergelegt wurden.

Die zeitliche Abfolge der Gräber von Küntzig und Göblingen erlaubt darüber hinaus einen präzisen Einblick in die fortschreitende Akkulturation der treverischen Führungsschicht: Während das älteste Grab aus Küntzig und die zwei ersten aus Göblingen fast nur keltische Töpferware enthielten und Importwaren eindeutig als Prunkmerkmal des treverischen Adels zu erkennen sind, nimmt der Anteil der römische Formen imitierenden Keramik in der nächsten Generation merklich zu. Teller und Platten aus roter *terra sigillata* – dem fein glänzenden roten Tafelgeschirr der Römer – und Bronzegeschirr für den Weinkonsum dokumentieren nicht nur den Import unter anderem aus Arezzo und Südgallien, sondern auch die Übernahme neuer Essgewohnheiten. Enthielten alle Gräber Waffen, insbesondere Sporen, wie sie für keltische Kavallerieanführer üblich waren, so zeugt der römische *gladius* (Schwert) im Grab des um 30 bis 20 v. Chr. in Göblingen bestatteten Mannes, dass die Trevererfürsten nach der römischen Eroberung recht bald in das römische Heer integriert wurden. Im jüngsten Grab, aus der Zeit um 20 v. Chr., ist außer zwei bronzebeschlagenen Prunkeimern aus Eibenholz und einem Mischbecken keine gallische Ware mehr enthalten. Auch der schnelle Übergang (ab 50 bis 30 v. Chr.)

zum dreigliedrigen römischen Währungssystem aus Gold, Silber und Bronze zeugt von einer engen Kooperation mit den neuen Herren. Nichtsdestoweniger sind die Gräber weiterhin nach gallischer Art reich mit Beigaben ausgestattet, die von der sozialen Stellung des Toten Zeugnis ablegen, während sich das Grabäußere als unscheinbarer Hügel darbietet. Gräber, Bestattungsritus und Totenkult verraten, dass zumindest im Angesicht des Todes die Akkulturation nicht vollständig erfolgte, mithin die römischen Sitten bis zum 2. Jh. n. Chr. nicht völlig die Oberhand gewonnen hatten. Man darf demnach auf einen allmählichen Übergang zumindest der treverischen Führungsschicht zu römischen Lebensformen schließen. Von einem Kulturschock kann bei einem Volk, das offensichtlich schon vor der Eroberung durch Caesar Handelsbeziehungen mit den Römern unterhielt, keine Rede sein.

Quantität und Qualität der archäologischen Funde auf und um den Titelberg, die zahlreichen Fürstengräber im näheren Umland, die frühen Kontakte zu den Römern lassen auf die Vorrangstellung des Oppidums auf dem Titelberg gegenüber ähnlichen Anlagen im Treverergebiet schließen, wo solche Merkmale nicht nachgewiesen sind.

Sofort nach der römischen Eroberung entstand im Westen des Titelbergplateaus für zwei Jahrzehnte ein administratives Zentrum mit einer Schreibstube und einer Garnison. Der kommerziellen Bedeutung des Oppidums tat das keinen Abbruch, doch da der Titelberg abseits des augusteischen Straßennetzes lag, gelang auf dessen Kosten gegen Ende des 1. Jh.s v. Chr. anderen, neugegründeten Zentralorten und vor allem Trier der Aufstieg. Der Aufstand der Treverer im Jahr 30/29 v. Chr. war wohl nicht ganz unschuldig an dieser Entwicklung.

3. Die gallo-römische Friedensperiode

Im Auftrag Octavians, des späteren Kaisers Augustus, ließ Gouverneur Agrippa in Gallien ein neues Straßennetz anlegen, das sich von Lyon aus fächerartig über ganz Gallien ausbreitete. Die Straße von Lyon zum Niederrhein war ausschlaggebend für die Gründung des neuen politischen Zentrums der *civitas Treverorum* auf dem hochwasserfreien rechten Ufer einer Moseltalweite. Trier sollte als eine wichtige Versorgungsbasis für die Legionen dienen, die für die Eroberung Germaniens am Rhein konzentriert wurden. Das Straßennetz der *Augusta Treverorum* orientierte sich entlang der Achse einer um 17 v. Chr. errichteten Holzbrücke, über die die Fernstraße zum Niederrhein verlief. An den nach Trier führenden Straßen, die häufig auf alten Wegen aufruhten, entstanden mehrere Kleinstädte, die als Raststationen, Handwerkersiedlungen und Marktorte für die Bauern des Umlandes der Großstadt Trier angesehen werden können: Arlon (*Orolaunum*), Mamer (*Mambra*), Niederanven (*Andethana*) lagen an der zu Beginn des 1. Jh.s n. Chr. ausgebauten Straße Reims-Trier. Dalheim (dessen Identifikation mit *Ricciaco* auf der *Tabula Peutingeriana*, einer Karte des spätrömischen Straßennetzes, erst 2008 durch einen Neufund gesichert ist) an der Straße Lyon-Metz-Trier dürfte eine der bedeutendsten Kleinstädte im Nordosten Galliens und im direkten Versorgungsgebiet der Stadt Trier gewesen sein. Die *mansio* (Herberge) bot Gelegenheit zur Rast und zum Pferdewechsel, bevor man in einem Tagesritt nach Trier eilen konnte, entweder auf dem linken Moselufer über Wasserbillig oder indem man in Stadtbredimus über die 122 v. Chr. gebaute und 56 n. Chr. erneuerte Brücke auf das rechte Ufer wechselte. Ein weiterer *vicus* (Städtchen), Altrier, lag an einer Querverbindung, die von Niederanven nach Bitburg (*Beda*) zur Straße Trier-Köln führte. Die Ardennen durchquerte eine Straße, die Reims direkt mit Köln verband, sowie eine Verkehrsachse, die von Metz am Titelberg vorbei über Arlon nach Tongeren führte. Vor allem für den Warentransport ist auch die im 4. Jh. vom Dichter Ausonius besungene Mosel nicht zu unterschätzen.

Der kurz vor der Zeitenwende gegründete Etappenort *Ricciacum* war unter anderen von Soldaten und Zuwanderern aus Südeuropa bewohnt, wie militärisches Geschirr und Graffiti mit italischen Namen belegen. Der Ort wurde im Zug der Unterdrückung des Bataver- und Trevereraufstands um 69/70 n. Chr. zerstört, aber noch vor Ende des 1. Jh.s mit einem rechtwinkligen Straßennetz wiederaufgebaut. Die Hauptstraße wurde verbreitert und erhielt einen Portikus (Wandelhalle); die neuen Häuser wurden aus Stein errichtet. Der Ort dürfte einer mediterranen Kleinstadt geähnelt haben. Die archäologischen Ausgrabungen belegen intensive handwerkliche Aktivitäten; zudem spielte der Handel wohl eine wichtige Rolle. Darauf weisen zahlreiche Minerva- und Merkur-Statuetten hin, die im Heiligtumsbezirk gefunden wurden, denn Merkur galt als Händlergottheit, Minerva als Schutzgöttin der Handwerker. Jupiter, Juno, Minerva – die sogenannte kapitolinische Trias – und Merkur bezeugen zugleich die Präsenz italischer Einwanderer, Epona und Intarabus Mars ihrerseits den Kult einheimischer Mischgottheiten. Der im Treverergebiet weit verbreitete Epona-Kult kann als typisch für den Akkulturationsprozess auf religiösem Gebiet gelten: Dem von den Kelten als Gottheit verehrten Pferd (dessen Zucht noch lange nach der römischen Eroberung eine der wichtigsten Einnahmequellen der einheimischen Bevölkerung darstellte, das aber auch Symbol der Aristokratie war) wurde von den nur Gottheiten in Menschengestalt verehrenden Römern eine Frauengestalt aufgesetzt, die häufig einen Korb mit Früchten auf dem Schoß hielt. Diese Epona galt als Göttin der Fruchtbarkeit und des Schutzes.

Die Stadt Dalheim erfuhr nach der Wende zum 2. Jh. bedeutenden Bevölkerungszuwachs. Neben zahlreichen Profanbauten, darunter auch Thermen, wurden zwei unbekannten Gottheiten geweihte *fana* oder Umgangstempel errichtet. Vor allem wurde das schon vorher existierende Theater auf 3500 Sitzplät-

ze erweitert. Der Ort nahm also religiöse, kulturelle, wirtschaftliche und wohl auch administrative Zentralfunktionen wahr
und diente wahrscheinlich wie Bitburg als Hauptort eines *pagus*
(Gau). Es ist in der Tat anzunehmen, dass in Bitburg, Arlon –
wo außer Thermen, einer Basilika und einem Theater (oder Cir-
cus) Werkstätten von Schmieden, Gerbern, Färbern, Drehern,
Knochenbearbeitern, Korbmachern, Schreibtafelherstellern und
drei Friedhöfe nachgewiesen sind – und vielleicht Mamer, wo
Thermen und eine Ziegelfabrik ausgegraben wurden, die Entwicklung ähnlich verlief. Die geräumigen Badeanlagen bezeugen die Übernahme römischer Lebensart in diesen Städtchen.

Die Mehrheit der Bevölkerung wohnte freilich weiterhin auf
dem Lande in verstreut liegenden Bauernhöfen, die vor allem im
Gutland südlich von Ardennen und Eifel recht zahlreich nachgewiesen sind. Die archäologischen Prospektionen gehen von
mehreren Tausend Gehöften auf dem Gebiet der *Civitas Treverorum* aus. Diese *villae rusticae* wurden nunmehr – ein Zeichen
des steigenden Wohlstands – ganz aus Stein oder in Fachwerk-
bauweise auf Steinfundament errichtet und mit Ziegeln gedeckt.
Zwei erkerförmige Ausbauten rahmten in der Regel den Säulen-
gang an der Frontseite. Der große Innenraum wurde in kleinere
Einheiten aufgeteilt, von denen mindestens eine mittels Hypo-
kaustanlage (Fußbodenheizung) geheizt werden konnte. Die
villa rustica stellt somit eine Synthese keltischer und römischer
Architekturelemente dar. Die Gutshöfe wurden von den Nachkommen der alteingesessenen treverischen Bauernfamilien bewirtschaftet. Sklaven sind in der *Civitas Treverorum* inschriftlich selten belegt. Für unsere Kenntnis der Agrartechnik bedeutsam sind mehrere Reliefs, die eine Art Erntemaschine darstellen,
die von einem Maulesel vorwärtsgeschoben wurde. Sie könnte
auf technische Neuerungen zum Zweck der Produktivitäts-
steigerung hinweisen. Dasselbe gilt für die von den Römern
übernommene eiserne Pflugschar und das Pferdekummet. Die
Bauern konnten ihre Überschussproduktion während gut zwei
Jh.en in Zentralorten wie Dalheim absetzen, wo diese von den
Proviantmeistern aus Trier nicht zuletzt für den riesigen Bedarf
der römischen Rheinarmeen aufgekauft wurde. Dazu gehörten

auch die Erträge von neu eingeführten Pflanzen wie Weinreben, Kirsch-, Pflaumen- und Pfirsichbäume, Zwiebel und Walnuss, deren Samenkörner, Steine und Kerne in Abfallgruben gefunden wurden. Gerade der Weinbau ist durch viele Grabreliefs sowie durch die Entdeckung antiker Keltern in Weinberglagen sehr gut dokumentiert.

Bis 260 oder 275 blieb das Trevererland weitgehend von germanischen Plünderungszügen verschont. Am meisten profitierte von dieser langen Friedenszeit die wirtschaftlich, sozial, militärisch und politisch in der *civitas* dominierende Schicht der ehemals treverischen Grundbesitzer, für die stellvertretend die Tuchhändlerfamilie der Secundinier genannt sei, die sich mit der Igeler Säule ein überzeitliches Denkmal gesetzt hat. Treverische Kaufleute konnten inschriftlich bis nach Dakien, Aquitanien und Britannien nachgewiesen werden.

In einem Umkreis von rund 40 km vor allem westlich von Trier konnten etwa 50 Luxusvillen mit römischen Mosaikböden nachgewiesen werden, so etwa in Nennig (die von Ende des 2., Anfang des 3. Jh.s stammen und Gladiatorenkämpfe zeigen) und Vichten (Homer und die neun Musen, Mitte 3. Jh.). Aus der letztgenannten Villa sind auch große Teile der Wandfresken erhalten. Die Bildprogramme lassen eine intensive Rezeption der römisch-griechischen Mythologie durch Auftraggeber wie durch Künstler erkennen. Die Gesamtanlage, die noch vor dem Ausbau Triers zur Kaiserresidenz entstanden ist, muss das Gut einer hochgestellten Familie gewesen sein. Aus dieser Schicht dürfte sich der in Trier herrschende Senatorenadel rekrutiert haben. Vom Alltag und der Inneneinrichtung verschiedener *villae* legen auch einige Grabreliefs Zeugnis ab.

Die wohl älteste *villa rustica* mit *pars urbana,* also mit einem repräsentativen Wohnbereich, wurde bei Echternach ausgegraben; sie war mit einem Hauptgebäude von 8928 m² eine der größten im nordalpinen Raum. Der eingefasste Hofbereich mit den Wirtschaftsgebäuden erstreckte sich über 10 ha. Die *villa* übernahm den rechteckigen Bautyp mit Frontportikus und Eckrisaliten; Peristyl (säulenumstandener Innenhof), Marmortäfelung, Wandfresken und Mosaikböden sowie ein großer Zierteich verraten starke römische Einflüsse. Da sie offenbar von einem mediterranen, mit hiesigen klimatischen Verhältnissen nicht vertrauten Architekten geplant worden war, mussten schon in der zweiten Bauphase mehrere Hypokaustanlagen nachgerüstet werden. Die kurz zuvor errichtete Echternacher *villa* wurde beim Aufstand im Jahr 70 nicht zerstört. Es könnte sich bei ihr um ein Geschenk des römischen Staates an einen Trevererfürsten handeln, dessen Loyalität damit erkauft wurde oder der seinerzeit ebenso wie viele Trierer Senatoren fliehen musste. Eine Inschrift lässt auf den Namen *Epternus* schließen, was den Eigentümer der *villa* als Pferdezüchter ausweisen könnte. Sein Grabmal stand in der Mittelachse der Anlage auf einem Hügel, auf dem später die Pfarrkirche errichtet wurde.

Auf diesem Hügel entstand nach dem Germanenüberfall von 275 eine Befestigung, ein sogenannter *burgus*, in dem eine Garnison den Saverübergang kontrollierte, während die *villa* fortan als staatlicher Kornspeicher diente. Ein solcher *burgus* ist in spätrömischer Zeit auch in Bitburg, Dalheim, Arlon, das ummauert wurde, sowie auf dem Bockfelsen auf dem Gebiet der späteren Stadt Luxemburg nachgewiesen. Diese Siedlungen wurden nach den Germaneneinfällen und bis in die zweite Hälfte des 5. Jh.s immer wieder aufgebaut, was sie sicher der Nähe Triers verdanken, das weiterhin auf die Versorgung aus dem agrarischen Hinterland angewiesen war, auch als es schon nicht mehr Kaiserresidenz war.

Wem die Prunkvillen im Einzelfall gehörten, lässt sich nur selten feststellen. Die Merscher *villa* ist aufgrund des nahen Grabmonuments einem Ritter zuzuordnen, der als Kommandeur von Auxiliartruppen in der Provinz Germania inferior stationiert gewesen war und nach seiner militärischen Laufbahn seinen Ruhestand als Priester des Lenus Mars, einer romanisierten Hauptgottheit der Treverer, und des munizipalen Kaiserkults wohl in seiner Heimatprovinz verbrachte. Das mit Weinranken verzierte Merscher Mausoleum, dessen Inschrift die Laufbahn des Verstorbenen nachzeichnet, stellt den Endpunkt der Entwicklung der gallo-römischen Grabmäler dar, die an die spätkeltischen Grabanlagen von Küntzig und Göblingen anknüpfen.

Zwischenstück ist das Grab von Hellingen, in dem nur ein nach römischer Art auf ein Minimum beschränktes Mobiliar gefunden wurde, darunter aber bezeichnenderweise, wie in den keltischen Gräbern, ein Stück, das die Unteroffizierskarriere des um 40 n. Chr. Verstorbenen dokumentiert, nämlich eine Parademaske. Die späteren Grabmäler wie in Mersch (frühestens um 130 n. Chr.) oder Igel (1. Hälfte 3. Jh.), auf dem ein Tuchhändler und Großgrundbesitzer seine Biographie bildlich darstellen ließ, enthalten gar kein Mobiliar mehr, sind aber im Gegensatz zu den Keltengräbern architektonisch sehr aufwendig gestaltet. Sie zeugen von einer mittlerweile weit fortgeschrittenen Übernahme römischer Traditionen, zumindest in der Oberschicht. Das aus der ersten Hälfte des 1. Jh.s stammende, mit einer Reiterkampfszene dekorierte, hoch aufragende Grabmonument von Bartringen konnte noch nicht definitiv zugewiesen werden.

Letzten Endes zeugt auch die Sprache von einer trotz geringer Einwanderung weitgehenden Romanisierung, die aber nie alle Lebensbereiche vollständig durchdrungen hat und auch gallischen Elementen ein Überleben gewährte. Wenn die Gallier Latein sprachen, was vor allem für Angehörige der Ober- und Mittelschicht von Interesse war, dann mit Akzent; nach der Überlagerung einer germanischen Sprachschicht trat das in Gallien gesprochene Latein als eigene Sprache der Romania hervor, und zwar als Französisch. Etliche treverische Bezeichnungen wurden in diese neue Sprache übernommen, weil auch die damit bezeichneten Gegenstände den Römern unbekannt waren, wie z. B. *barque, char, lance, lieue.*

Aufgrund der am Beispiel von Religion, Architektur, Grablege und Sprache dargestellten Zivilisationsprozesse wäre es falsch, von einer einseitigen Romanisierung im Trevererebiet zu sprechen. Der Begriff einer gallo-römischen Akkulturation scheint den kulturellen Austausch, der zwischen beiden Bevölkerungskreisen stattgefunden hat, angemessener zu beschreiben.

In der Merowingerzeit hat ein ähnlicher Akkulturationsprozess zwischen der gallo-römischen Bevölkerung und den fränkischen Eroberern stattgefunden. Aus dieser Zeit sind jedoch nur wenige Bauwerke (Wehrtürme) innerhalb römischer Ruinenfelder, allerdings etliche Sarkophage mit reichen Beigaben erhalten. Die regionale Variante dieses Kulturwandels ist weitgehend unerforscht. Fortan durchschnitt die romanisch-germanische Sprachgrenze den Großraum in der Süd-Nord-Richtung, während die (west)germanische Sprache viele lateinische Wörter gerade in den Bereichen aufnahm, in denen der Kulturtransfer am intensivsten war.

Zwar kann für keine Stadt im Raum nördlich von Metz und westlich von Trier bis an die Maas Siedlungskontinuität von der Antike bis ins Mittelalter angenommen werden. Deshalb blieb diese Region auch bis ins 19. Jh. ohne eigenen Bischofssitz. Dennoch knüpften die mittelalterlichen Städte häufig an gallo-römische Siedlungsspuren an.

4. Frühchristianisierung und die Gründung der Abtei Echternach

Aus der Spätphase des gallo-römischen *vicus* Dalheim stammen zwar ein Ring mit christlichem Dekor aus dem 4. Jh. sowie Gräber mit Körperbestattung, doch die Anfänge des Christentums im heutigen Luxemburg werden in der Regel mit der Missionstätigkeit des angelsächsischen Mönchs Willibrord im späten 7. Jh. in Verbindung gesetzt. Aus dem 7. Jh. stammen auch frühchristliche Sarkophage aus Diekirch und eine Kreuzfibel aus Echternach. Trier kann hingegen auf eine seit dem 3. Jh. fast ununterbrochene Bischofsreihe zurückblicken und bildete auch unter Kaiser Konstantin (306–337 n. Chr.) und seiner Mutter Helena ein erstes Zentrum der christlichen Religion und kirchlichen Organisation.

Als um 690 der aus Northumbrien stammende Willibrord sich mit elf Mönchsbrüdern von Irland aus auf den Weg machte, um die Friesen zu bekehren, war er nicht der erste und einzige angelsächsische Mönch, der zur *peregrinatio* (Pilgerreise) aufbrach. Doch im Unterschied zu seinen Vorgängern wandte er

sich weder an den Heerkönig der Friesen noch an den Frankenkönig, sondern an dessen Hausmeier Pippin II., den starken
Mann im Merowingerreich, der Friesland erobert hatte und
dessen Christianisierung zur Unterstützung seiner Unterwer-
fungsmaßnahmen sehr begrüßte. 692 ließ sich Willibrord von
Papst Sergius den Missionsauftrag bestätigen, 695 weihte ihn
der Papst auf Wunsch Pippins zum Erzbischof. Pippin schenkte
ihm daraufhin in Utrecht nach irischer Tradition eine Kathe-
drale mit Kloster, 714 zusätzlich ein Kloster in Susteren an der
Maas. Beim Aufstand der Friesen nach dem Tod Pippins wurden denn auch Willibrords Kirchen zerstört. 719 kehrte er nach
Friesland zurück, und zwar mit der Unterstützung Karl Mar-
tells, den er folglich schon vor dessen Erfolg im Erbfolgestreit
im Frankenreich anerkannt haben muss.

Wieso Willibrord nach Echternach, mitten in das von den Pippiniden kontrollierte Austrasien kam, ist nicht die einzige offene
Frage in diesem Kontext. Wer hat das Willibrord im Jahre 697
oder 698 von Irmine geschenkte Kloster erbaut? Oder waren es
zwei Klöster? Welcher Teil der dazu gehörenden Grundherrschaft stammte von der Äbtissin Irmine von Ören bei Trier,
welcher von Pippin II. und seiner Frau Plektrud? Erfolgte letzteren Schenkung 704 oder schon 699? Waren Irmine und Plektrud
miteinander verwandt? Wie eng war die Kontinuität der Willibrord übereigneten *villa Epternacus* und der kaiserzeitlichen
gallo-römischen Villa *Schwaarzuecht* samt dazugehörendem
Grabhügel an der Sauer, die im 6. Jh. aus römischem Staatsbesitz
in die Hand des merowingischen Adels gelangt sein dürfte?

Bleiben also manche Unklarheiten bestehen, so wird doch
deutlich, wie die Pippiniden bereits zur Zeit Willibrords das
enge Verhältnis zur Kirche und insbesondere zum Papst nutzten, um ihre eigene Macht zu stärken. Darin sind die Ursprünge
sowohl des Lehnswesens als auch des karolingischen Eigenkir-
chenwesens zu fassen. Willibrord war in gewissem Sinne ein Gefolgsmann der Pippiniden, und die Abtei Echternach kann als
deren Eigenkloster angesehen werden. Willibrord hatte jenen
das Kloster zum eigenen Schutz übertragen; bei der Rückschen-
kung bestimmten Pippin und Plektrud, dass der von den Mön-

chen frei gewählte Abt ihnen und ihren Nachkommen Treue schwören musste.

Berühmt wurde die Abtei Echternach durch ihr Skriptorium, in dem schon im ersten Viertel des 8. Jh.s Mönche Texte kopierten und neben Urkunden Handschriften mit Bildmalerei höchster Qualität schufen. Das älteste Evangeliar mit der *Imago hominis* (Menschenbild) zu Beginn des Matthäus-Evangeliums dürfte aller Wahrscheinlichkeit nach durch Willibrord von den Britischen Inseln mitgebracht worden sein. Das im Evangeliar verwandte, von den Britischen Inseln stammende Flechtbandmuster, das auch häufig Initialen ausfüllte, wurde selbst als Ornament für den steinernen Ambo (Lesepult) in der Kirche nachgeahmt. Als eine Generation später das sogenannte Trierer Evangeliar angefertigt wurde, lag dem Kopisten ganz sicher Willibrords Evangeliar vor, wie die Gestaltung des Rahmens und des Schriftzugs *Imago hominis* unschwer erkennen lassen, doch die neue, realistische Darstellung des Menschen in der Bildmitte zeigt, dass nicht länger nur insulare Einflüsse (auf Inhalt, Orthographie, Paläographie und Ornamentik), sondern auch mediterrane wirksam waren bzw. dass im Konvent neben angelsächsischen nun auch südeuropäische Mönche lebten und im Skriptorium wirkten.

Die lateinischen Handschriften aus Echternach zeichnen sich ferner durch volkssprachliche Annotationen aus, die von den Mönchen mit dem Griffel ins Pergament geritzt wurden. Diese althochdeutschen Glossen gehören zu den ältesten deutschen Schriftzeugnissen überhaupt und können dem engeren moselfränkischen Sprachraum zugeordnet werden. Die altenglischen Glossen zeigen zudem, dass dort auch angelsächsische Missionare tätig waren und liefern ein weiteres Beispiel für die multikulturelle Zusammensetzung des Konvents. Kulturgeschichtlich bedeutsam ist zudem die Tatsache, dass das von den Britischen Inseln nach Echternach gebrachte Christentum dank der von dort ausgehenden Missionsreisen auf den Kontinent – nach Friesland und Thüringen – ausstrahlte und die Abtei somit einen wichtigen Beitrag zur Entstehung eines christlichen Abendlandes leistete.

Willibrord starb 739 in Echternach, wo sich sehr bald ein Heiligenkult um seine Grabstätte entwickelte. Zwischen 698 und 805 sind über 100 Schenkungen an die Abtei belegt. Für das Jahr 751 ist erstmals bezeugt, dass Willibrord als Heiliger in Rindern am Niederrhein verehrt wurde, für 757/758 ebenso in Echternach. Der Kult setzte also bereits unter seinen ersten Nachfolgern ein: Adelbert (739–777) ließ die Altarerhöhung der Gebeine vornehmen, während Beonrad (777–797) wegen der wachsenden Pilgerscharen und dank des erhöhten Spendenaufkommens eine dreischiffige Wallfahrtskirche ins Werk setzen konnte. Beide waren Angelsachsen und wie Willibrords erster Biograph Alkuin († 804), der Lehrer und Ratgeber Karls des Großen, mit diesem verwandt. In der um 796 verfassten Vita Willibrords wird Echternach gegen Utrecht als letzte Ruhestätte des Heiligen verteidigt und zugleich das Loblied auf die Pippiniden bzw. Karolinger angestimmt. Alkuin berichtet von Wundern, die am Grab Willibrords geschahen und Befreiung bewirkten: von Lähmungen und Epilepsie, von öffentlichen Sühnestrafen, aus der Kriegsgefangenschaft und von Leibeigenschaft. Auch Thiofrid erzählt in seiner um 1100 verfassten Vita von Eisenketten, Krücken und Prothesen, die als Votivgaben in der alten Echternacher Kirche hingen. Er erwähnt auch eine uns indes nicht überlieferte Vita Willibrords in keltischer Sprache.

Im 11. Jh. erlebte das Echternacher Skriptorium eine Renaissance. Zahlreiche Handschriften – darunter der in Nürnberg aufbewahrte *Codex aureus Epternacensis* – wurden mit Buchmalerei auf höchstem Niveau ausgestattet. Einige waren für den Königshof bestimmt. 1031 wurde eine erweiterte Wallfahrtskirche konsekriert. Aus dieser Zeit stammt die älteste Fassung der Tanzlegende von Kölbigk, die nicht nur in einer Echternacher Handschrift erhalten, sondern wahrscheinlich auch dort entstanden ist: ein Hinweis auf das Alter der bis heute existierenden Echternacher Springprozession. An deren Ursprung könnten Freudentänze über wunderbare Heilungen und Befreiungen gestanden haben, auf die schon der aus der Abtei Prüm stammende Abt Berno von Reichenau um 1000 mit dem Ausdruck *magno tripudio* (mit großem Freudentaumel) hinwies.

5. Die Herkunft der Grafen und die Anfänge
der Burg und Stadt Luxemburg

Das aus den sukzessiven Teilungen des Karolingerreiches hervorgegangene Lotharingien, das zwischen Burgund und Nordsee gelegene Königreich Lothars II., war bis ins 10. Jh. nicht nur zwischen dem ost- und dem westfränkischen König umstritten. Seine Geschichte wurde zudem durch wechselnde Bündnisse des Adels mit dem einen oder andern König geprägt. König Heinrich I. konnte es 925 dem Ostfränkischen Reich einverleiben und gab dem dortigen Herzog Giselbert seine Tochter Gerberga zur Frau. 939 aber beteiligte sich Giselbert am Aufstand gegen Heinrichs Sohn Otto I., den neuen König, und verlor dabei sein Leben. Um das Land unter Kontrolle zu bringen, verlieh Otto 953 seinem Bruder Bruno, Erzbischof von Köln, die Herzogswürde. Der teilte Lotharingien in zwei Teilherzogtümer: Im Norden wurde Godfried aus dem Haus Ardennen-Verdun Begründer des Herzogtums Lothier/Brabant, während Friedrich aus dem Haus Ardennen-Bar in Südlotharingien, das aber nicht ganz im Herzogtum Lothringen aufging, für Ordnung sorgte.

In dieser umstrittenen Grenzregion zwischen Francia und Germania erhielt 963 Siegfried aus dem Ardennergeschlecht von Erzbischof Bruno die Genehmigung, von der vor Trier gelegenen Abtei St. Maximin einen Felsvorsprung an der Alzette gegen anderthalb Hufen in Feulen einzutauschen. Siegfried stammte seitens seiner Mutter Kunigunde von den Karolingern ab. Seine Verwandten aus dem Ardennergeschlecht waren Herzöge in Nieder- und Oberlotharingien und in Bayern, Grafen von Verdun, Bar, Salm, Bischöfe in Metz, Reims, Laon, Verdun und Trier; andere wiederum waren mit den Grafen von Namur, Hennegau, Löwen, Flandern, Dagsburg, Grandpré, Friesland verheiratet. 964 erwarb Siegfried vom Trierer Erzbischof Land zum Bau der Saarburg. Von 966 bis 972 begleitete er Kaiser

Otto I. nach Rom. 982 führte er Otto II. im Kampf gegen die Sarazenen Hilfstruppen zu und 983 wurde er zu Hugo Capet, dem Herzog von Franzien, gesandt. 985 geriet er vor Verdun in die Gefangenschaft des westfränkischen Königs Lothar IV., der als Karolinger dem fünfjährigen Otto III. Lotharingien wieder streitig machte. Siegfrieds enges Verhältnis zu den Ottonen bewog diese nicht nur, dem Bau einer Burg im Grenzgebiet zu Frankreich zuzustimmen, sondern den Gefolgsmann auch im Moselgau (um Diedenhofen) und im Bidgau (in der Eifel) als Grafen mit königlicher Banngewalt einzusetzen, der für den Herrscher Steuern eintreiben, Recht sprechen und das Heer anführen sollte.

Die *Lucilinburhuc*, die er zwischen 963 und 987 an der Alzette bauen ließ, sollte ihm als Stützpunkt für seine gräflichen Aufgaben zwischen Mosel und Ardennen dienen, denn als jüngster Sohn verfügte er über nur geringe Erbgüter. Bedeutender waren seine Vogteirechte in den Reichsklöstern St. Maximin und Echternach. Dafür musste er 973 im Zuge der ottonischen Klosterreform in Echternach seine Rolle als Laienabt aufgeben und usurpierten Besitz zurückerstatten. 987 ließ Siegfried im Vorhof seiner Luxemburg eine nach dem Vorbild von St. Maximin gebaute Erlöserkirche weihen, deren Reliquienschätze er während seinen ausgedehnten Kriegszügen im Gefolge der Ottonen erwarb; ihre Zusammensetzung spiegelt deren Heiligenvorlieben. Kurz nach seinem Tod heiratete Siegfrieds Tochter Kunigunde im Jahr 1000 den bayerischen Herzog Heinrich (973–1024) aus einem Nebenzweig der Ottonen, der 1002 zum König und 1014 zum Kaiser gekrönt und wie seine Frau als Heiliger verehrt werden sollte.

Der für den Bau der Luxemburg gewählte Ort war in mehrfacher Hinsicht vorteilhaft gelegen: inmitten der zu St. Maximin gehörenden Grundherrschaft Weimerskirch, an der Grenze, die seit kurzem die Pfarrei St. Peter-in-Ketten in Hollerich von der Urpfarrei St. Martin in Weimerskirch trennte, an der Grenze zwischen bewohntem und beackertem Tal und bewaldeter, rodbarer Anhöhe, abseits vom Grundherrschaftszentrum, aber unweit der alten Römerstraße Reims-Trier, an der Stelle eines spätantiken *burgus* und auf einem leicht zu verteidigenden Felssporn, der nur nach Westen in ein künstlich zu befestigendes Plateau überging, wo sich alsbald die Erlöserkirche mit einem St. Michel-Altar im 1. Stock des Wehrturms erheben sollte. Vor dieser mit fünf Altären reich ausgestatteten Kirche entstand bald ein Markt an der Kreuzung der Römerstraße mit einem prähistorischen Weg von Metz nach Lüttich. Um diesen Markt ließen sich Ministerialen des Grafen, später Händler und Handwerker nieder. Am Fuß der beiden Aufgänge zur späteren Oberstadt, d.h. an den Flussübergängen über Alzette und Petrussbach, hatte schon Siegfried zwei weiteren ottonischen Heiligen, St. Ulrich und St. Matthäus, je eine Kirche mit Wehrturm weihen lassen – ein Indiz für die Zunahme der Bevölkerung in den sogenannten Unterstädten Grund und Pfaffenthal, für die eine Urkunde von 1083 auch Mühlen, Öfen und Fischer erwähnt.

Die kirchliche Zentralfunktion des Burgortes wurde 1083 dank der Stiftung einer Benediktinerabtei durch Konrad I. verstärkt. Hier fand fortan die Grafendynastie ihre Grabstätte, während Siegfried noch in St. Maximin beigesetzt worden war. Die Mönche sollten auch durch ihr Gebet für die Memoria der verstorbenen Angehörigen des Grafenhauses sorgen. Vielleicht übernahmen sie auch die Rolle von Schreibern in der Burg. 1128 erlaubte Papst Honorius II. 26 Pfarreien des Umlandes, ihre Bannprozession am dritten Freitag nach Ostern künftig nicht mehr zum Trierer Dom, sondern zur Luxemburger Münsterabtei zu führen, wo zudem am Wallfahrtstag ein Jahrmarkt stattfinden durfte. Außerdem erhielt die Abtei das Schulmonopol für die Stadt Luxemburg.

Ist der Name Luxemburg erstmals in der Urkunde von 963/987 belegt, so war Konrad I. der erste Graf, der sich 1083 auf seinem von französischen Vorbildern inspirierten Reitersiegel Graf von Luxemburg nannte. Die Luxemburg war Hauptresidenz der Grafen und das ursprünglich vom König auf Zeit verliehene Grafenamt zum Erblehen geworden. Konrad war mit der französischen Prinzessin Clementia von Poitou verheiratet, was darauf schließen lässt, dass die Grafen von Luxemburg des Deutschen und des Französischen mächtig waren. Um für seine vergeblichen Versuche, das Erzstift Trier zu erobern, Sühne zu leisten, pilgerte Konrad nach Jerusalem, starb aber 1086 auf der Rückreise.

Im 12. Jh. hatte das Altmarktviertel in Luxemburg sich so weit nach Westen ausgedehnt, dass ein zusätzlicher (Neu)Markt mit einer 1166 von Bürgern gestifteten St. Nikolaus-Kirche entstand. Der Ort vereinte mithin so viele Zentralfunktionen politisch-administrativer, wirtschaftlicher und kultisch-kultureller Natur, dass man seit diesem Zeitpunkt von einer Stadt sprechen kann. 1175 wurden die Einwohner erstmals von Graf Heinrich IV. von Namur und Luxemburg als *burgenses* bezeichnet. Um dieselbe Zeit dürfte das Kaufmannsviertel auf dem Plateau westlich der Burg ummauert worden sein. Urkundlich wird der Stadt-Status erst 1225 greifbar, wenn in zwei Parallelurkunden die Begriffe *burgus* bzw. *opidum* für Luxemburg erscheinen.

6. Der Aufstieg der Grafschaft Luxemburg

König Friedrich I. Barbarossa verfolgte in der Auseinandersetzung mit den Welfen und den Zähringern das Ziel, in dem an Reichsgut armen Westen eine große Markgrafschaft zu errichten, indem er die Territorien Hennegau, Namur, La Roche, Durbuy und Luxemburg unter eine Hand brachte. Markgraf von Namur sollte der staufertreue Balduin V. von Hennegau werden. Bei der geplanten Neuordnung im Westen des Reiches spielte ihm der biologische Zufall in die Hände: Graf Heinrich I. von Namur hatte 1136, beim Tod seines Vetters, des Grafen Konrad II. von Luxemburg, mit dem Siegfrieds Geschlecht im Mannesstamm ausstarb, die Grafschaft Luxemburg sowie die Obervogteien der Abteien Echternach und St. Maximin geerbt, weil der deutsche König Konrads Neffen aus dem französischen Haus Grandpré nicht damit belehnen wollte. 1139 kamen die Grafschaften Namur, La Roche und Durbuy mit der Obervogtei von Stavelot-Malmédy und der Herrschaft Longwy wegen anderer Todesfälle ohne direkte Erben hinzu. Eroberungszüge ge-

gen das Erzstift Trier und das Hochstift Lüttich brachten allerdings nur Niederlagen sowie eine Revolte seiner kleinadligen
Vasallen (1171). Da er selbst kinderlos geblieben war, hatte
Heinrich (IV. nach Luxemburger Zählung) 1163 und erneut
nach seiner Erblindung 1182/83 seinen Neffen Balduin V. von
Hennegau zum Alleinerben von Allod und Lehen bestimmt. So
war hier ein großes geschlossenes Territorium im Entstehen,
was die Nachbarn – der Herzog von Brabant, der Graf von
Flandern, vielleicht der Bischof von Lüttich Rudolf von Zährin-
gen (Neffe Heinrichs von Namur-Luxemburg), vor allem aber
Philipp von Heinsberg, der die herzogliche Gewalt der Kölner
Erzbischöfe wieder aufleben ließ – nicht ohne Weiteres hinneh-
men wollten. Ihr Widerstand wuchs, als der Stauferkaiser diese
Territorien 1184 zur Markgrafschaft Namur vereinte, die von
der Schelde bis an die Mosel reichte, und auf Kosten des Brabanters und des Kölner Erzbischofs Balduin V. zum Reichsfürsten mit quasi herzoglichen Befugnissen erhob.

Damit wurde der Konflikt um das Erbe Heinrichs von Namur
und Luxemburg Teil der Auseinandersetzungen zwischen Barbarossa und Philipp von Heinsberg. Letzterer überredete den er-
blindeten Heinrich, seine dritte Gattin Agnes von Geldern wieder zu sich zu nehmen. Und tatsächlich gebar sie 1186 dem wohl
70-jährigen eine Tochter namens Ermesinde, die der Vater unter
Kölner Einfluss sofort mit Graf Heinrich II. von der Champagne
aus der französischen Königsfamilie verlobte, was nicht nach
staufischem Geschmack sein konnte. Als dieser Graf Namur angriff, brachte der gefoppte Balduin V. die Grafschaft an der
Maas unter seine Kontrolle; sein Onkel Heinrich IV. musste sich
in die Grafschaft Luxemburg zurückziehen. Weil er sich nicht
hatte durchsetzen können, zog Heinrich von der Champagne ins
Heilige Land und heiratete Isabella, die Königin von Jerusalem.
Da Friedrich Barbarossa auf demselben Kreuzzug ums Leben
kam (1190) und Balduin 1191 auch Flandern geerbt hatte, ergab
sich eine neue Machtkonstellation im Westen des Reiches.

Nach salischem Recht fielen beim Tod Heinrichs IV. (1196)
die Reichslehen an König Heinrich VI. zurück. Angesichts der
antistaufischen Parteinahme der Hennegauer belehnte nun der

König damit seinen Bruder Otto von Burgund. Der frühe Tod König Heinrichs und Graf Balduins V. eröffnete Graf Theobald von Bar die Chance, die Staufer wieder aus Lotharingien zu verdrängen. Er kaufte seinem Lehnsherrn Otto die Grafschaften Luxemburg, La Roche und Durbuy ab, heiratete die zehnjährige Ermesinde von Namur und Luxemburg und belagerte Namur. Im Vertrag von Dinant (1199) überließ ihm Balduin VI./IX. von Hennegau und Flandern alle östlich der Maas gelegenen Gebiete der Grafschaft Namur sowie den ganzen Rest von Ermesindes väterlichem Erbe, um ihn in das antifranzösische und antistaufische Bündnis zu integrieren. Außer der Grafschaft Luxemburg mussten Theobald und seine Erben diese Gebiete gegen Zahlung einer Rente von den Grafen von Flandern zu Lehen nehmen.

Unter Theobald wurde in der Grafschaft Luxemburg nach barischem Vorbild die Landesverwaltung neu aufgebaut: Pröpste im Rang von Ministerialen, die man wieder abberufen konnte, verwalteten fortan Teilgebiete der Grafschaft, führten im Namen des Grafen das militärische Kommando, saßen zu Gericht und zogen die landesherrlichen Abgaben ein. Die Propsteisitze wie Arrancy, La Roche, Durbuy und später Bitburg, Marville, Arlon, Diedenhofen, Saint-Mard, Bastnach wurden durch diese zusätzlichen Zentralfunktionen nach und nach zu Kleinstädten aufgewertet.

Schon drei Monate nach Theobalds Tod (1214) heiratete Gräfin Ermesinde Walram III. von Limburg, der ihr als Witwengut die Markgrafschaft Arlon übergab und somit eine territoriale Einheit von der Mosel bis an die Maas herstellte, auch wenn der Rückeroberungsversuch auf Namur scheiterte. Im Ehevertrag musste Walram schwören, die Rechtsgewohnheiten der Grafschaft Luxemburg zu respektieren und die Adligen, Ministerialen und Bürger in den ihnen zur Zeit Heinrichs IV. zugestandenen Freiheiten zu belassen.

Nach Walrams Tod (1226) erhielt Ermesinde dessen gleichnamigen Sohn aus erster Ehe, Walram von Monschau, als Vormund; sie scheint sich aber recht schnell von diesem Draufgänger distanziert zu haben. Vor allem dessen Vorstoß gegen die Lütticher Abtei Stavelot-Malmédy wurde mit päpstlichem In-

terdikt bestraft, was Ermesinde veranlasste, nunmehr eine fried-
vollere Politik zu verfolgen. Es gelang ihr, vor allem im Norden
und Osten zahlreiche Kleinadlige mit Lehnsverträgen an sich zu
binden und ihnen Offenhaus- und Wachdienstverpflichtungen
aufzuerlegen.

Echternach (1236) und Luxemburg (1244) erhielten ein eigenes (Stadt-)Recht, das offenbar auf bereits früher mündlich er-
teilten Freiheitsrechten fußte. In diesen sogenannten Freiheitsbriefen zeigt sich sehr anschaulich das doppelte Interesse des
Landesherrn und der Bürger an einem freieren Status der Stadt-
bewohner. Letzteren wurden Freiheit und Sicherheit für Person
und Besitz zugesichert; die Stadt wurden zum autonomen, aus
der Propstei ausgegliederten Rechtsbezirk erhoben, dessen Bewohner persönlich frei waren bzw. es beim Zuzug wurden und
dessen Richter von den Bürgern frei gewählt, doch wie die sieben Schöffen vom Grafen eingesetzt wurden. Unter den nament-
lich bekannten Schöffen waren denn auch zunächst vornehmlich Dienstleute der Gräfin, aber bis Ende des 13. Jh.s konnten
nach dem Tod eines Kollegen die verbliebenen Schöffen die
Kooptation eines neuen durchsetzen. Im Gegenzug wurde die
Stadt mittels Freiheitsbrief in die Landesverwaltung eingegliedert. Sie war eine Großburg des Territoriums, ihre Bürger vermehrten das Steueraufkommen, stellten kompetente Verwal-
tungskräfte zur Verfügung und sorgten durch Kriegsdienst und
später durch den Mauerbau und –unterhalt für die Landesver-
teidigung. Ein Stadttor zierte künftig die Stadtsiegel von Luxemburg und von Bitburg. Dem Handel verhalf die Prägung eigener
Münzen zu weiterem Aufschwung.

Gräfin Ermesinde starb 1247 und wurde in dem Zisterzien-
serinnenkloster Clairefontaine an der Grenze zu ihrem Witwengut Arlon beigesetzt. Sie hatte das Kloster vielleicht auf ihrem
Totenbett gestiftet; es wurde von ihrem Sohn Heinrich V. und
dessen Gattin Margarete von Bar als neues Zentrum der dynas-
tischen Memoria-Pflege des Hauses Luxemburg-Limburg aufgebaut. Heinrich V. war seit seiner Großjährigkeit (1235/36) an
der Regierung seiner Mutter beteiligt. Er setzte deren Politik
auch mit weiteren Dorfbefreiungen und Freiheitsbriefen fort –

so für das noch stark ländlich geprägte Diedenhofen (1239) mit der ersten nicht auf Latein, sondern auf Französisch ausgestellten Urkunde in der Grafschaft Luxemburg, für die Neugründung Grevenmacher (1252) und die beiden Städtchen römischen Ursprungs, Bitburg (1262) und Arlon (vor 1268). Er kaufte von seiner Schwester Katharina die Propstei Diedenhofen zurück, die sie als Mitgift in ihre Ehe mit Matthäus II. von Lothringen eingebracht hatte, ebenso wie die Mitgift seiner Halbschwester Isabella, die Exklaven Poilvache an der Maas, Luxemburger Teil der Grafschaft Namur, und Marville-Arrancy im Barischen, Ermesindes Witwengut aus erster Ehe. Die Mitgift seiner Frau bestand in der Herrschaft Ligny-en-Barrois.

Da es der Dynastie gelungen war, Ermesindes Erbfolge in den Namurer Nebenländern und in Luxemburg zu sichern – was auch ihre beiden Gatten anerkennen mussten, denn beide hielten sich an den Vertrag von Dinant und versuchten nicht, Luxemburger Erbland Kindern aus erster Ehe zukommen zu lassen –, vereinigte ihr Sohn Heinrich V. erstmals die vier Erbschaften Luxemburg, La Roche, Durbuy und Arlon in einer Hand. Er brachte seine doppelte Herkunft aus Luxemburger und Limburger Abstammung in seinem neu geschaffenen Wappen (goldgekrönter, roter Löwe [Limburg] auf blau-silber gestreiftem Grund [Luxemburg]) zum Ausdruck, das bis heute als Luxemburger Wappen in Gebrauch ist. Durbuy musste er allerdings seinem jüngeren Bruder Gerhard als Apanage überlassen. Wenn Heinrich V. sich in Urkunden erstmals als *dominus terre* oder *souverains sires* bezeichnete, wird klar, dass unter seiner und seiner Mutter Regierung, also in den ersten 80 Jahren des 13. Jh.s, eine Territorialisierung der Landesherrschaft stattgefunden hat. Inspiriert von Ermesindes beiden Ehegatten und im Schatten der Auseinandersetzungen an der Reichsspitze war das salische Gesetz durchbrochen worden und die weibliche Erbfolge hatte sich erstmals in einem Reichslehen durchgesetzt. Vor vielen anderen Reichsterritorien hatte sich in der Grafschaft Luxemburg die Lehnsherrschaft zur Landesherrschaft entwickelt. Zwar fehlten noch eine Kanzlei und eine Finanzverwaltung, doch gab es bereits einen Hofrat und einen Ritterrichter.

Während der Ausbau des Territoriums, das nunmehr einen zusammenhängenden Verbund von Landschaften von der Mosel bis an die Maas bildete und zum Teil noch auf dem Ausbau der Lehnsbeziehungen zu allodialen Herrschaften beruhte (1264 musste der Graf von Vianden dem Grafen von Luxemburg huldigen), standen dem Landesherrn abberufbare Dienstleute – aus dem unfreien Stand, manche aus der städtischen Bürgerschaft – in den als Propsteien konstituierten Teilgrafschaften sowie in der zentralen Verwaltung zur Seite. Ein Seneschall nach Limburger Vorbild, eine Art Statthalter, ist erstmals für das Jahr 1226 belegt. Diese Ministerialenschicht unterstützte die gräfliche Politik auch mit Eigeninitiativen wie der Stiftung von Klöstern der neuen Orden (Zisterzienserinnen in Bonneweg und Differdingen, Dominikaner, Franziskaner und Klarissen in Luxemburg, Dominikanerinnen in Marienthal, Augustinereremiten in Diedenhofen, Karmeliter in Arlon, Trinitarier in Bastogne und Vianden, Val-des-Écoliers in Houffalize, Kreuzherren in Ivoix, Suxy und Virton), die der Landesherr unter seinen Schutz und seine Gerichtshoheit stellte, nachdem aus kirchenrechtlichen Gründen Vogteirechte nicht mehr wahrgenommen werden konnten. Unter den Städten des Landes konnte Luxemburg erstmals alle anderen Orte kraft der dort gebündelten Zentralfunktionen übertreffen. Die Bürger genossen persönliche Freiheitsrechte und hatten eine Verwaltungsautonomie gewonnen, die sie in den nächsten Jahrzehnten systematisch zu erweitern verstanden.

7. Das Zeitalter der Luxemburger in Europa

Heinrich VII. 1283 starb Irmgard von Limburg, die Frau Rainalds von Geldern, kinderlos und mit ihr die letzte Erbin aus der ersten Ehe Walrams I. von Limburg. Prätendenten auf die Nachfolge im Herzogtum Limburg, das die viel befahrenen Verkehrswege zwischen Köln und Flandern sowie die Maas unterhalb Lüttichs kontrollierte, gab es mehrere. Irmgards Onkel Adolf von Berg verkaufte seine Rechte an Herzog Johann I. von Brabant, Rainald von Geldern die seinigen an das Brüderpaar Heinrich VI. und Walram von Luxemburg, die aus Walrams III. zweiter Ehe mit Ermesinde stammten. Während der Erzbischof von Köln und mit ihm die Grafen von Flandern, Geldern und Nassau Partei für die Luxemburger ergriffen, unterstützten König Rudolf von Habsburg sowie die Grafen von Berg, Holland, Jülich, Loon, Kleve und von der Mark das Haus Brabant, da der Erzbischof Reichszölle am Rhein usurpiert hatte. Daraufhin schlugen sich die Kölner Bürger auf die Seite des Brabanters. Der Konflikt um die Vorherrschaft im Westen des Reiches konnte nur noch militärisch ausgetragen werden.

In der Entscheidungsschlacht bei Worringen (1288) siegte Herzog Johann I. von Brabant über Graf Heinrich VI. von Luxemburg, der zusammen mit drei Brüdern sein Leben ließ. Hätten die Luxemburger Limburg für sich gewinnen können, wären sie nicht nur zu Reichsfürsten aufgestiegen, ihr Gebiet wäre das größte zusammenhängende Territorium im Westen des Reiches geworden, das zudem ansehnliche Einnahmen aus Zoll und Geleit versprach. Doch trotz der Niederlage verhalf die Schlacht von Worringen den Grafen von Luxemburg zu militärischem Ruhm, der ihnen bislang eher fehlte, hatten sie doch ihr Territorium zumeist mittels Erbschaften, Ehen und Lehenserwerb vergrößert.

Die Wiederannäherung zwischen den Häusern Brabant und Luxemburg zog sich lange hin. Erst 1292 kam eine Ehe zustande, die sich trotz ihres politischen Charakters zu einer Liebesehe entwickeln sollte: Der Sohn des Besiegten, Graf Heinrich VII. von Luxemburg, heiratete die Tochter des Siegers, Margarete von Brabant. Die Höhe der Mitgift entsprach in etwa dem Betrag, den Heinrichs Vater und Onkel für den Kauf von Limburg ausgegeben hatten. Seine ritterliche Erziehung erhielt Heinrich VII. anschließend am französischen Königshof, wo er 1294 Philipp dem Schönen den Vasalleneid schwor und ein Militärbündnis mit ihm schloss, von dem lediglich sein Lehnsherr, der römische König, als Gegner ausgenommen war.

Heinrich VII. orientierte seine Expansionspolitik in Richtung oberes Maastal und bedrohte die Grafen von Bar und das Hochstift Verdun. Für seine Unterstützung der Stadt Metz gegen ihren Bischof Reinald von Bar verdiente er 50 000 Pfund Turnosen (etwa 3,5 Tonnen Silber). Im Zollkrieg gegen Trier war er weniger erfolgreich; bei dessen Beilegung schloss er aber mit der Bischofsstadt einen Schutzvertrag, der ihm eine Jahresrente von 300 Pfund Trierer Denaren (etwa 29 kg Silber) einbrachte. Nicht zuletzt profitierte der Handel zwischen Mosel und Maas von diesen Schirmverträgen. Heinrich erhielt von König Albrecht zudem das Recht, einen sechswöchigen Jahrmarkt einzurichten.

Als am 1. Mai 1308 König Albrecht in der Schweiz ermordet wurde, weilte Graf Heinrich in der Abtei Nivelles, zusammen mit den lotharingischen Fürsten von Brabant, Hennegau-Holland, Loon, Jülich, Namur, Flandern und etlichen anderen. Er war vor kurzem aus Poitiers zurückgekehrt, wo Papst Clemens V. auf seine Fürsprache hin seinen Bruder Balduin zum Erzbischof von Trier geweiht hatte – nicht zuletzt wohl deshalb, weil Heinrich versprochen hatte, Balduin bei der Sanierung der zerrütteten Trierer Bistumsfinanzen mit einem Kredit von 40 000 Pfund Turnosen auszuhelfen. In Nivelles vereinbarten die Fürsten, dass, falls einer aus ihrem Kreis zum deutschen König (*rois d'Allemagne*) gewählt werden sollte, er den anderen ihre Reichslehen bestätigen würde. Außerdem schlossen sie ein wechselseitiges Schutzbündnis. Ob damals Heinrich bereits seine Kandidatur ankündigte, ist nicht zu klären.

Tatsache ist, dass am 27. November desselben Jahres Heinrich VII. von Luxemburg, dank der Fürsprache seines Bruders Balduin und vor allem des Mainzer Erzbischofs Peter von Aspelt, der aus einem Luxemburger Ministerialengeschlecht stammte, einstimmig (allerdings bei Abwesenheit des Königs von Böhmen) zum römischen König gewählt und am 6. Januar 1311 in Aachen gekrönt wurde. In der Geschichtsschreibung wurde er von den einen als ‹kleiner Grenzgraf› betitelt, der gewählt wurde, weil er nicht wie sein Vorgänger über die Mittel

zu einer Restauration der Reichsrechte auf Kosten der Kurfürsten verfügt habe, von den anderen als Kompromisskandidat
angesehen, weil die Kurfürsten die Wahl des französischen
Königsbruders Karl von Valois hätten verhindern wollen, ohne
Philipp den Schönen zu sehr zu ärgern. Angesichts der Vorge-
schichte und des in Worringen für die Dynastie erworbenen
Ruhms darf man aber davon ausgehen, dass die Grafen von
Luxemburg eher stärker waren als jene von Nassau oder Habsburg bei ihrer Erstwahl und dass wohl die finanziellen Wahlver-
sprechen Heinrichs den Ausschlag gegeben haben.

König Heinrich VII. weilte nach seiner Wahl noch zweimal in
Luxemburg, dann verließ er die Region für seinen Romzug, der
ihm am 29. Juni 1312 nach schwierigen Auseinandersetzungen
mit den norditalienischen und toskanischen Stadtstaaten sowie
dem süditalienischen König Robert von Anjou die Kaiserkrone
einbrachte: eine Würde, die zum letzten Mal Friedrich II.
(† 1250) erlangt hatte, die aber von Heinrichs Königskollegen
nicht mehr goutiert wurde. Während sein Ziel, Italien zu befrie-
den, gründlich misslang, verlor Heinrich unterwegs sowohl seinen Bruder Walram als auch seine Gattin Margarete. Er selber
starb am 24. August 1313 beim Zug gegen Robert von Neapel
und wurde in Pisa, einer der wenigen ihm treu gebliebenen
Städte, beigesetzt.

Für seine Memoria sorgte sein Bruder Balduin. Außer der
Stiftung zahlreicher Messen ließ er sich und seinen Bruder Heinrich VII. überlebensgroß in den zwei Chorstuhlwangen der Trierer Kartause darstellen und den gemeinsamen Zug nach Rom
von einem unbekannten Buchmaler auf 37 Bildern aufzeichnen,
die er seiner Urkundensammlung vorbinden ließ.

Johann von Luxemburg und Böhmen Vor seinem Aufbruch
nach Italien hatte Heinrich VII. auf Drängen böhmischer Ge-
sandter 1310 seinen Sohn Johann mit dem Königreich Böhmen
belehnt und ihn mit der jüngsten Schwester des letzten Königs,
Elisabeth Přemysl, verheiratet. Dieser Erwerb brachte dem Haus
Luxemburg eine neue territoriale Basis, eine Kurwürde und aus-
sichtsreiche Perspektiven in Mitteleuropa. Für die Hausgraf-

schaft Luxemburg bedeutete sie die Abwesenheit des Herrschers, der sich in der Landesherrschaft erfolgreich von Adligen und Ministerialen vertreten ließ.

Johann von Luxemburg und Böhmen folgte seinem Vater nicht auf dem Königsstuhl, weil Kurfürsten wie der Kölner Erzbischof einen Habsburger vorzogen und daher Johanns Parteifreunde, wie die Erzbischöfe von Mainz und Trier, lieber Ludwig den Bayern wählten. Die gleichzeitige Wahl Friedrichs des Schönen konnten sie trotzdem nicht verhindern. Johann, von dem der Königsaaler Abt Peter von Zittau schreibt, der heimatliche Boden sei ihm süßer gewesen als der böhmische, betrieb dennoch eine europäische Machtpolitik, so dass derselbe Chronist behaupten konnte, ohne ihn ließen sich keine Pläne in Europa verwirklichen.

Das bekam ganz besonders König Ludwig der Bayer zu spüren, den Johann bis zur Schlacht von Mühldorf (1322) gegen die Habsburger unterstützte, zu dem er dann aber auf Distanz ging, da er selbst den Traum von der Kaiserkrone nicht aufgegeben hatte und vom Streit zwischen König und Papst zu profitieren hoffte. Bald mit Ludwig, bald mit dem Papst paktierend, schmiedete er 36 Heiratspläne für enge Verwandte, von denen allerdings etliche am Widerstand der ins Auge gefassten Frauen zerbrachen. Desgleichen betrieb er eine eigenständige Italienpolitik, die er gegenüber Ludwig mit der Pflege der Gräber seiner Eltern rechtfertigte. Trotz französischer Unterstützung scheiterten diese Pläne letzten Endes.

Im Reich spielte der Trierer Erzbischof Balduin von Luxemburg mittlerweile die einflussreichste Rolle. Er organisierte nach der Exkommunikation Ludwigs des Bayern die Koalition gegen die päpstlichen Ansprüche auf Approbation des Königskandidaten und war insofern der Vordenker der von seinem Großneffen Karl IV. promulgierten Goldenen Bulle von 1356. Johann musste seine Hoffnung auf die Kaiserkrone in der Tat auf seinen Sohn Karl übertragen, den er früh schon seiner Mutter weggenommen und zur Erziehung an den französischen Hof gebracht hatte. 1346 gelang ihm mit Zustimmung Papst Clemens' VI. und des Königs von Frankreich die Wahl Karls IV. zum Gegenkönig, nachdem Ludwig der Bayer Johanns Sohn Johann-Heinrich 1341 aus Tirol hatte vertreiben lassen und seine Ehe mit Margarete von Tirol und Kärnten geschieden hatte, womit er die Ehre der Luxemburger unwiderruflich verletzte. Sechs Wochen später fiel König Johann von Böhmen in der Schlacht von Crecy, an der er aus Treue zu dem 1332 mit König Philipp VI. von Frankreich geschlossenen Bündnis gegen England teilgenommen hatte.

Trotz seiner ununterbrochenen Präsenz auf der europäischen Bühne vernachlässigte Johann die Grafschaft Luxemburg nicht. Neuerwerbungen wie Damvillers, Orchimont, Mirwart wurden als eigene Propsteien organisiert, wichtige Grenzorte befestigt. In den Jahren 1332 bis 1334 unternahm er einen letzten Versuch, das Herzogtum Limburg zu erwerben, weil die Mitgift seines Vaters immer noch nicht vollständig ausbezahlt worden war. Der Schiedsspruch des französischen Königs brachte ihm 200 000 Goldgulden ein im Gegenzug für seinen Verzicht auf ein Land, das ihm gar nicht gehörte. 1337 konnte er sich die lukrativen Garderechte auf Verdun sichern. Im selben Jahr erwarb er für 125 000 kleine Florentiner Gulden große Teile der Grafschaft Chiny. Zusammen mit den zahlreich vergebenen Rentenlehen verschlang diese Erwerbspolitik riesige Summen, die nicht aus den laufenden Einnahmen der armen Grafschaft aufgebracht werden konnten. Wie kaum einer vor ihm bediente Johann sich mit Hilfe seines Ratgebers und Financiers Arnold von Arlon eines «virtuos beherrschten Wechselspiels von Pfandnahme, Verpfändung und Wiedereinlösung von Herrschaftsrechten»: ein «finanztechnisches Glanzstück ersten Ranges» (Winfried Reichert), das Arnold nach Johanns Tod mit dem Bankrott bezahlen sollte. Insgesamt war es Johann gelungen, Schulden von 250 000 Gulden ohne Pfandverlust wiedereinzulösen. Erst mit den Ausgaben für die Königswahl seines Sohnes in Höhe von insgesamt mehr als einer Tonne Gold setzte er den Fortbestand der Grafschaft als eigenständiges Territorium ernsthaft aufs Spiel. Als Erzbischof Balduin von Trier versuchte, bei dieser Gelegenheit die reichspolitische Lage und die Abhängigkeit seines Neffen bzw. Großneffen von seiner Kurstimme und seinem Kapital zu nutzen, um das Erzstift Trier auf Kosten Luxemburgs zu vergrößern, war es Johann, der die territoriale Integrität der Grafschaft zu verteidigen verstand, während sein Sohn Karl von Böhmen zum Verzicht auf die als Pfand gestellten Grafschaftsteile bereit war. Mit seiner Monetarisierung von Herrschaftsrechten beschritt Johann der Blinde resolut moderne Wege in der Territorialverwaltung, die bedeutender waren als die ihm oft vorgehaltenen, aber de facto unbedeutenden Kriegshandlungen.

Der Herrschaftsintensivierung, aber auch der Steigerung der landeseigenen Einnahmen diente Johanns Politik der Städte- und Handelsförderung. Mehreren Städten wurden Privilegien unter der Bedingung verliehen, in Zukunft selbst die Verteidigung in die Hand zu nehmen. Andere wurden zu Propsteizentren ausgebaut. Jahrmärkte wurden gegründet, Münzverträge zur Prägung gemeinsamer Währungen mit Bar, Lüttich und Namur ausgehandelt und Schutzverträge mit benachbarten Fürsten abgeschlossen, um die Sicherheit auf den Handelsstraßen zu gewährleisten. Das bekannteste Beispiel ist die 1340 gegründete Schobermesse, zu deren Förderung der Graf auf Zölle verzichtete, dafür aber höhere Geleiteinnahmen erwarten durfte. Die Wahl des Messetermins zeigt, dass der Landesherr durchaus auf Ratgeber aus Kreisen der Bürgerschaft zurückgriff: Er lag Ende August einerseits zwischen dem Ende der Erntezeit und vor dem Beginn der Weinlese, andererseits zwischen den Messen von Metz (ab 15. August) und Trier (31. August), aber vor allem auch günstig für Händler auf dem Weg zur Herbstmesse in Antwerpen oder zur Heiligkreuzmesse nach Saint-Nicolas-de-Port.

Dass Johann eine differenzierte Sicht auf das Städtewesen in der Grafschaft hatte, zeigt sich ebenfalls in der Schobermess-Urkunde, in der Luxemburg erstmals als Landeshauptstadt bezeichnet wird. Dass er sich der Bedeutung der Städte für die Territorialverwaltung bewusst war, geht auch aus der während seiner Herrschaft erstmals zu beobachtenden Beteiligung der nach französischem Vorbild so genannten ‹bonnes villes› an landespolitischen Entscheidungen hervor. 1336 bestätigten neben

Adel und Ritterschaft 15 Orte den Heiratsvertrag Johanns mit Beatrix von Bourbon aus dem französischen Königshaus. Beim Schutzbündnis zwischen Graf Johann und dem Bischof von Lüttich (1343) waren zehn Städte als Vertreter des *«commun pays»*, des gesamten Landes, anwesend. Im Testament, das Johann am 1. September 1340 auf der Brücke vor Bouvines verfasste, bevor er erstmals als Erblindeter an einer Schlacht teilnehmen sollte, bestimmte er, dass neben den *nobiles* (Adligen) auch die *communitates* (Gemeinden) der Grafschaft im Falle seines frühzeitigen Todes einen oder mehrere Vasallen zu Regenten wählen sollten, die für den geregelten Übergang der Gesamtgrafschaft und der französischen Besitzungen an seinen 1337 geborenen Sohn Wenzel und für das Witwengut von Beatrix sorgen sollten. Es wird ihnen also keine geringe Verantwortung übertragen. Als dann Karl IV. und Balduin trotzdem bis 1353 die Herrschaft in der Grafschaft übernahmen, hat wohl keine Stadt zu protestieren versucht, doch der Weg zu Landständeversammlungen war beschritten. Wenzel konnte ihn, auch auf die brabantische Tradition aufbauend, weitergehen.

Wenzel von Luxemburg und Brabant   Erst nachdem Wenzel Johanna von Brabant geheiratet hatte (1352), gelang es seiner Mutter Beatrix und seinem Schwiegervater Johann III. von Brabant, seine Erbrechte auf Luxemburg gegenüber seinem Halbbruder Karl IV. und seinem Großonkel Balduin von Trier, der das Land als Pfandherr regierte, geltend zu machen. Nach Balduins Tod verlieh Karl 1354 Wenzel den Herzogstitel und übertrug ihm die vier Grafschaften Luxemburg, La Roche, Durbuy und Arlon als geeintes Reichslehen.

Wenzel gelang es, alle Hypotheken zurückzukaufen bzw. Kreditverträge als ungültig zu erklären, weil sie nicht mit ihm als legitimem Herrscher abgeschlossen worden waren. 1364 konnte er den Rest der Grafschaft Chiny, 1378 die Herrschaft Schönecken für sein Haus erwerben. Damit erreichten die westlichen Besitzungen der Luxemburger ihre größte Ausdehnung.

Für Karl IV. spielte das Territorium seiner Vorfahren nur eine Rolle in der Reichspolitik gegenüber Frankreich. Daher war er durchaus daran interessiert, es für sein Haus zu erhalten. 1366 ernannte er Wenzel zum Reichsvikar und einigte sich mit ihm, dass, falls Wenzel kinderlos sterben sollte, das Herzogtum Luxemburg und die Grafschaft Chiny an die Nachkommen Karls fallen sollten. Dieser Fall trat 1383 ein. Wenzel, der sich in seiner Brüsseler Residenz gern mit bekannten Literaten wie Guillaume Machaut oder Jean Froissart umgab und selbst dichtete, ließ sich in der Zisterzienserabtei Orval in der neu erworbenen Grafschaft Chiny beisetzen.

Brabant aber, auf das Karl ebenfalls gehofft hatte für den Fall, dass Wenzels Frau vor ihrem Gatten stürbe, übertrug Johanna 1401/04 an die Nachkommen ihrer Schwester, Philipp den Kühnen von Burgund und Margarete von Flandern. Sie hatte sich in der Tat mit den Luxemburgern überworfen, da Karl IV. seinem Stiefbruder nicht zu Hilfe geeilt war, als er 1371 in der Schlacht von Baesweiler gegen die Wittelsbacher von Wilhelm von Jülich gefangen genommen worden war, so dass die Städte Brabants für das Lösegeld hatten aufkommen müssen, obschon er dort Reichsinteressen verteidigt hatte. Karl hatte es vorgezogen, die Wittelsbacher zu schonen, von denen er die Mark Brandenburg erwerben wollte und deren Kurstimme er brauchte, um seinen Sohn Wenzel schon zu seinen Lebzeiten zum König wählen zu lassen.

Die Zeit der Pfandherrschaften   War das Herzogtum Luxemburg für Karl IV. nur eine Figur auf dem Schachbrett der europäischen Politik, so wurde es für seinen Sohn Wenzel zum Wechselbrief, den er, nach den Worten des Historikers Gilbert Trausch, nach Bedarf einlösen konnte. Die Hausmachtpolitik der Luxemburgerdynastie konzentrierte sich eindeutig auf Mitteleuropa: Böhmen, Mähren, Schlesien, Brandenburg, Polen und Ungarn. Dabei war Luxemburg nur noch ein unbedeutender Nebenbesitz.

1388 verpfändete der König von Böhmen und Herzog von Luxemburg das Stammland in seiner Gesamtheit für einen Kredit von 64 000 rheinischen Gulden an seinen Vetter Jobst von Mähren, der es 1401 an Philipp den Kühnen von Burgund und

Flandern, ein Jahr später an Ludwig von Orléans weiterverpfändete. Nach dessen Ermordung fiel das Pfand an Jobst zurück. Wenzel, den die Kurfürsten 1400 abgesetzt hatten, verschrieb die Rückkaufsrechte 1408 seiner Nichte Elisabeth von Görlitz, der zu diesem Zeitpunkt einzigen Erbin des Hauses Luxemburg. In der Hoffnung auf ihre Unterstützung im Konflikt mit König Rupprecht von der Pfalz gewährte er ihr für ihre Heirat mit Anton von Brabant und Burgund zusätzlich eine Aussteuer von 120 000 Gulden und die Bezahlung der Hochzeitskosten in Höhe von etwa 70 000 böhmischen Kronen. Die Gesamtschuld belief sich mittlerweile auf 425 290 Goldfranken, und die Burgunder durften sich berechtigte Hoffnung machen, das Herzogtum ihrem Besitz zwischen Reich und Frankreich einverleiben zu können. Nicht nur war die einzulösende Summe kaum noch aufzubringen, sondern Wenzel von Böhmen und sein Bruder Sigismund, seit 1386 König von Ungarn, hatten in in ihren Territorien mit großen Problemen zu kämpfen. Sie waren auch untereinander so zerstritten, dass 1410 beim Tode Rupprechts von der Pfalz drei Luxemburger die römische Königskrone beanspruchten: der abgesetzte Wenzel, der mehrheitlich gewählte Jobst, der kurz nach der Wahl starb (womit seine Schuld erlosch), und Sigismund, der sich schließlich als römischer König durchsetzen konnte.

Während der Adel gespalten war, Teile Sigismund die Treue schworen und bis weit ins 15. Jh. hinein gegen die Burgunder Krieg führten bzw. öfters die Front wechselten, huldigten 1412 die Städte des Landes Anton und Elisabeth. Doch Anton von Burgund fiel 1415 in der Schlacht von Azincourt und Elisabeth heiratete 1419 mit Sigismunds Zustimmung Johann von Bayern in der Hoffnung, den burgundischen Vormarsch stoppen zu können. Johann einigte sich nichtsdestoweniger mit den Burgundern auf eine Erbfolge, starb aber schon 1425 durch Vergiftung, ohne Nachkommen zu hinterlassen. Umso umschwärmter war trotz ihrer Verschwendungssucht die Pfandherrin von Luxemburg, Elisabeth von Görlitz. Erfolgreich war letzten Endes Herzog Philipp der Gute von Burgund, der trotz Widerstand der von Sigismund zum Teil mit Steuervergünstigungen geköderten Luxemburger Ständeversammlung Elisabeth den Schuldbrief abkaufen konnte. 1437 starb Kaiser Sigismund. Mit ihm erlosch das Haus Luxemburg in männlicher Linie, und die Erbrechte fielen an die Habsburger, denn Sigismunds Tochter Elisabeth hatte Albrecht II. geheiratet, der ihm auch auf dem römischen Königsthron nachfolgte. Deren Schwiegersohn Wilhelm von Sachsen versuchte, die Pfandrechte am Herzogtum Luxemburg zurückzukaufen und sich mit einem Expeditionskorps von 1000 Mann den Burgundern entgegenzustellen, doch die Hauptstadt wurde am 23. November 1443 im Handstreich erobert, die Stadtrechte vom Burgunderherzog eingezogen, das Land den burgundischen Niederlanden eingegliedert. Auch die Versuche von Albrechts Sohn Ladislaus Postumus, das Land mit französischer Hilfe zurückzugewinnen, blieben erfolglos. 1462 verkaufte Ludwig XI. die durch seinen Vater Karl VII. erworbenen Pfandrechte an Philipp von Burgund, der Wilhelm von Sachsen auch die Restschuld abkaufte. Der Burgunderherzog war nunmehr völlig rechtmäßiger Herzog von Luxemburg. Finanzielle Mittel und Heiratspolitik hatten definitiv über das Feudalrecht zum Zweck des Territorialerwerbs und der Herrschaftssicherung die Oberhand gewonnen. Von einem «nationalen» Widerstand war die ganze Zeit über keine Rede gewesen.

8. Burgunder- und Habsburgerherrschaft

Die Modernisierungspolitik Burgunds Für Burgund bedeutete der Erwerb des Herzogtums Luxemburg, dass ein weiteres Puzzlestück hinzugekommen war, dessen man bedurfte, um eine Landbrücke zwischen den südlichen und den nördlichen Besitzungen herzustellen und ein eigenes, zusammenhängendes Königreich zwischen Frankreich und dem Römisch-Deutschen Reich zu schaffen. Philipp der Gute von Burgund versuchte eher sachte, sein Sohn Karl der Kühne mit etwas mehr Nachdruck, dem Konglomerat von Herrschaftsgebieten (in chronologischer Reihenfolge des Erwerbs: Herzogtum Burgund, Nevers, Charolais, Freigrafschaft Burgund, Artois, Flandern, Namur, Brabant, Limburg, Hennegau, Holland, Pikardie, Luxemburg, Geldern, Lothringen), die nur mittels Personalunion miteinander verbunden waren, eine einheitliche Verwaltung und Justiz zu verleihen und die Länder nach und nach in einen monarchischen Zentralstaat zu integrieren. Stützen konnten sie sich dabei auf fiskalische Einnahmen aus den nordwestlichen Niederlanden, einer der bevölkerungsreichsten und wirtschaftlich stärksten Regionen Europas.

Für das Herzogtum Luxemburg bedeuteten diese Integrationsbestrebungen, dass es erstmals einer strukturierten Zentralverwaltung unterstellt wurde, die im Land von einem Gouverneur vertreten wurde, der ebenso wie sein Stellvertreter nicht im Lande geboren war. Ihm zur Seite stand der aus der ehemaligen gräflichen *curia* hervorgegangene Hofrat, dessen Mitglieder vom Herzog ernannt wurden und der politische, administrative, finanzielle und militärische Befugnisse vereinigte. Er diente zudem als Appellinstanz gegenüber den Entscheiden aller unteren Gerichte. Ab 1444 tagte auch eine Ständeversammlung, die nur der Herzog einzuberufen das Recht hatte, um sich außerordentliche Steuern bewilligen zu lassen. Sie vertrat die Interessen des Herzogtums gegenüber den zentralistischen Tendenzen der Brüsseler Regierung. Nachdem die Besitzverhältnisse definitiv geklärt waren, erstattete Philipp der Gute 1461 auch der Stadt Luxemburg ihre Privilegienbriefe zurück; bis auf die Hochgerichtsbarkeit wurde die Stadt wieder wie in vorburgundischer Zeit verwaltet. Die städtische Schriftsprache war Deutsch, während die herzogliche Verwaltung auf Französisch geführt wurde.

Philipps Sohn Karl der Kühne versuchte insbesondere mit den Ordonnanzen von Diedenhofen (1473), die Zentralisierung noch ein Stück weiterzutreiben, indem er das Parlament von Mechelen als Obergerichtshof für alle niederländischen Territorien einsetzte und eine gemeinsame Rechnungskammer schuf, die alle partikularen Einnehmer kontrollieren sollte. Der Herr-

scher beschwor zwar beim Regierungsantritt die Landesprivile-
gien, doch wurden diese nur noch formal respektiert; das römische Recht war überall als Norm auf dem Vormarsch.

Als Karl der Kühne 1477 bei Nancy im Kampf gegen Herzog
René von Lothringen fiel, rebellierte ein beträchtlicher Teil des
Adels, die ehemaligen Thronprätendenten erhoben wieder ihre
Forderungen auf das Herzogtum und Frankreich besetzte den
Süden, so dass Karls Tochter Maria von Burgund die zentralistischen Reformen ihres Vaters zurücknehmen musste. Erst 1480
konnte Erzherzog Maximilian im Namen seiner Frau den Hul-
digungseid der Stände entgegennehmen und ihre alten Privilegi-
en bestätigen. Während die Ständeversammlung ihren Einfluss
steigern konnte, kam es zu einer Zerrüttung der herzoglichen
Einnahmen und des Gerichtswesens zugunsten der lokalen Gerichtsherren. Die Stadt Luxemburg erreichte die Rückgabe ihres
alten Stadtsiegels und des Rathauses, die Genehmigung zur Einrichtung einer Lateinschule und die Erhöhung bzw. Verlänge-
rung verschiedener städtischer Abgaben.

Die Übernahme durch die Habsburger Als Maria von Burgund
1482 infolge eines Reitunfalls starb, fiel der gesamte burgundi-
sche Länderkomplex an ihren vierjährigen Sohn Philipp den
Schönen, für den sein Vater Maximilian aus dem Hause Habsburg die Regentschaft übernahm. Bis 1795 wurde das Herzogtum Luxemburg fortan mit nur kurzen Unterbrechungen von
Habsburgern regiert und dadurch in den endlosen Streit um die
europäische Hegemonie zwischen den Habsburgern und Frankreich hineingezogen. Im Zuge der Nationenwerdung wurde seit
dem 19. Jh. die 1443 einsetzende Periode der Nationalgeschichte als Zeit der Fremdherrschaften bezeichnet, obschon alle folgenden Herrscher durchaus legitime Herzöge von Luxemburg
waren. Dieser Titel war der erste, mit dem 1501 der nachmalige
Kaiser Karl V. bereits in der Wiege bedacht wurde.

9. Mittelalterliche Siedlungsstrukturen

Die Maas-Mosel-Region lag im Zentralraum des Karolingerreiches zwischen Rhein und Seine, dem der österreichische Historiker Michael Mitterauer das Verdienst zuschreibt, Ausgangsgebiet vieler technischer Neuerungen gewesen zu sein, die das wirtschaftliche Wachstum und die gesellschaftliche Entwicklung Europas im Mittelalter kennzeichneten. Insofern unterscheidet sich die Grafschaft Luxemburg nicht wesentlich von den umliegenden Regionen. Grundherrschaft mit einem zentralen Fronhof, als Villikationsverfassung bezeichnet (die Schenkungsurkunde von 697/698 für das Kloster Echternach enthält einen der ältesten Belege für *mansus*/Hufe), Dreifelderwirtschaft, Pferdezucht, Wassermühlen, Wendepflug, Weinbau, Waldrodung sowie kontinuierliches Bevölkerungswachstum sind die wichtigsten Merkmale der Agrarverfassung der fruchtbarsten Landschaften zwischen Maas und Mosel. In den Mittelgebirgszonen von Eifel und Ardennen konnten die Felder hingegen nur in größeren Abständen eingesät werden; diese Regionen waren entsprechend dünn besiedelt.

Grundherrschaft und Landwirtschaft   Felder, Wälder und Weinberge waren mitsamt der dort lebenden Bevölkerung seit dem 8. Jh. in der Regel im Besitz der großen Abteien wie Echternach, St. Eucharius/St. Matthias und St. Maximin vor Trier, Prüm in der Eifel, St. Hubert und Stavelot-Malmédy in den Ardennen, später auch der Zisterzen Orval und Himmerod. Das 893 angelegte und 1222 kopierte Prümer Urbar – das Güter- und Einkünfteverzeichnis einer Grundherrschaft – liefert einen guten Einblick in die Wirtschaftsweise dieses Klosters, das zwar nie zum luxemburgischen Territorium gehörte, dessen Güter sich aber bis in die wallonischen Ardennen und auf die fruchtbaren Hügel des Gutlands erstreckten. Die Quelle lässt schon fürs späte 9. Jh. Marktbeziehungen erkennen: Auch im Frühmittelalter gab es keine autarke Land- oder Weinwirtschaft.

In den Ruinen einer gallo-römischen Villa, die aus spätrömischem Fiskalbesitz in die Hand des fränkischen Adels übergegangen war, ließ ein gewisser Witmar im 7. Jh. eine Eigenkirche bauen, die dem hl. Martin geweiht war. Sie wurde das Zentrum der Urpfarrei Weimerskirch im Erzbistum Trier. Um 723 schenkte Karl Martell die nördlich der späteren Stadt Luxemburg gelegene Grundherrschaft Weimerskirch der Trierer Benediktinerabtei St. Maximin. Sie bestand, wie aus einem Vertrag von 926 hervorgeht, aus 100 Hufen Herrenland, das von 73 Leibeigenen bewirtschaftet wurde, aus 20 an Hörige ausgegebenen Hufen (Hofstätten) sowie aus einem Wald, der die Mast von 300 Schweinen erlaubte. Sechs Mühlen lassen den bedeutenden Agrarertrag der Grundherrschaft erahnen und zeigen, dass das Tal der Alzette, über dem Graf Siegfried wenige Jahre später die «Luxemburg» erbaute, dicht besiedelt war, da offenbar nicht alles Getreide nach Trier in die Abtei geliefert, sondern vor Ort gemahlen und verzehrt wurde. Die um 962 verfassten Mirakelbücher von St. Maximin lassen die Willkürherrschaft des klösterlichen Vogts in der Villa Weimerskirch erkennen, gegen den sich die keineswegs rechtlosen Hörigen nur dank der Hilfe ihres heiligen Beschützers verteidigen konnten.

Aus dem 11. Jh. ist bekannt, dass die Weinbauern von Wasserbillig jahrelang rebellierten, bis sie beim Grundherrn – derselben Abtei St. Maximin – günstigere Frondienste und Abgaben durchsetzen konnten. Sie erreichten insbesondere, dass ihre Pflichten reduziert wurden und ein Teil ihrer Weinabgaben durch einen Geldzins abgegolten werden konnte. Ihr Aufstand war erfolgreich, weil sie einerseits als Winzer eine spezialisierte Arbeitskraft darstellten, die nicht leicht zu ersetzen war, und sie andererseits im Konfliktfall nach Trier ausweichen konnten, das sie von ihren Marktbesuchen her kannten.

Aus der Grafschaft Champagne, wo Erzbischof Wilhelm von Reims sie erstmals 1182 erteilt hatte, übernahmen die Grafen von Luxemburg wie jene von Bar oder Chiny die ‹Loi de Beaumont›, mit der sie vor allem Dörfern im Südwesten ihres Landes

einen freiheitlicheren Status gewährten, um neue Siedler anzu-
ziehen, den Landesausbau zu fördern und die Abwanderung der
Bauern in benachbarte Territorien zu verhindern. Der Landesausbau lässt sich in den Ardennen noch im Hochmittelalter an-
hand von Dorfnamen auf **rod/*sart* (z. B. Roodt, Roth,
Buschrodt, Rodershausen, Elcheroth/Nobressart, Le Sart) nachweisen.

Im Umland von Städten kam es seit dem 11. Jh. nicht nur zu
einer Verbesserung des Rechtsstatus der Landbewohner, sondern auch zur Einführung neuer Agrartechniken, die den Ertrag
steigern halfen, damit das Bevölkerungswachstum förderten
und zum Aufblühen der Städte beitrugen. Dort erfolgte zuerst
die Auflösung der Villikationsverfassung. Aus Hörigen wurden
Pachtbauern, die am Ertrag beteiligt waren und gezielter auf die
steigende Nachfrage aus den Städten reagieren konnten. Die
Stadtbürger, die in Landbesitz investierten, hatten auf der
Grundlage befristeter Pachtverträge auch die Möglichkeit, Mo-
dernisierungen und den Anbau neuer Pflanzen durchzusetzen,
unter anderem für gewerbliche Zwecke (Waid, Flachs, Hanf).
Die Region lebte von der ländlichen wie städtischen Tuchproduktion, die durch zahlreiche Walkmühlen belegt ist, sowie von
der Gerberei und vom Weinbau, für dessen Absatz die Stadt Luxemburg ein wichtiges Handelszentrum darstellte, das den Mo-
selwein sowie Elsässer Rheinwein nach Westen verkaufte.

Ein dichtes Netz von Kleinstädten Die Historiker sehen heute
die Stadt des Mittelalters als «eine vom Dorf und nichtagrari-
schen Einzwecksiedlungen unterschiedene Siedlung relativer
Größe mit verdichteter, gegliederter Bevölkerung, Selbstverwal-
tungsorganen, einer auf Gemeindestrukturen aufbauenden,
freie Lebens- und Arbeitsformen sichernden Rechtsordnung sowie zentralen Funktionen politisch-herrschaftlich-militärischer,
wirtschaftlicher und kultisch-kultureller Art für eine bestimmte
Region oder regionale Bevölkerung» (Franz Irsigler). Geht man,
um den städtischen Charakter einer Siedlung zu messen, von einem Kriterienbündel aus, zu dem Faktoren wie Burg, Pfarrkirche, Stiftskirche, Abtei, Wallfahrten, neue Orden, Dekanatssitz,

Stadthof, Hospital, Leprosorium, Propsteisitz, Residenz, Transit-zoll, Marktzoll, Marktmaß, Wochenmarkt, Jahrmarkt, Münz-stätte, Schule, Oberhof, Stadtfreiheit, Siegel, Ringmauer, Waa-ge, Halle, Zünfte, Tuchproduktion, Goldschmiede, Juden, Lom-barden sowie öffentliches Notariat gehörten, so waren die Grafschaften Luxemburg und Chiny bis 1200 städtearme Terri-torien. Im 15. Jh. rechnet Walter Prevenier für das Herzogtum Luxemburg mit einem städtischen Bevölkerungsanteil von 15 bis 20% (zum Vergleich: Flandern 36%, Holland 45%).

Im Laufe des 13. Jh.s konnte Luxemburg, das frühestens in der zweiten Hälfte des 12. Jh.s als Stadt bezeichnet werden kann, dank gräflicher Förderung stark expandieren und alle an-deren Zentralorte der Grafschaft, die bis dahin durchaus gleich-berechtigt waren – Echternach beispielsweise war nicht nur seit dem 8. Jh. Abteistadt, sondern zeitweilig auch Residenzort der Grafen –, überholen. Graf Johann der Blinde nannte Luxem-burg 1340 gar *chief*, also ‹Haupt›-stadt. Sie dürfte zu Beginn des 14. Jh.s rund 5000 und in der ersten Hälfte des 15. Jh.s etwa 7000 Einwohner gezählt haben, also nicht viel weniger als die benachbarte Bischofsstadt Trier. Abgesehen von dieser Mittel-stadt, deren 1340 gegründeter und geförderter Jahrmarkt – die bis heute existierende *Schobermesse* – als einziger Fernhändler anzog, waren alle anderen Zentralorte Kleinstädte, deren agra-risches Hinterland nie über 15 km hinausreichte, also über jene Entfernung, die Marktbesucher an einem Tag hin- und zurück-gehen konnten.

Waren die Städte mithin klein, so waren sie jedoch erstaun-lich zahlreich. Das gilt selbst für die Ardennen und das Ösling, wo aufgrund der naturräumlichen Gegebenheiten keine größe-ren Bevölkerungsgruppen ernährt werden konnten. Auch fehlte dort ein intensiv genutztes Verkehrsnetz, so dass der Handel nur schwach entwickelt und Migrationen, inklusive Landflucht, erschwert waren. Für die Produktionskraft dieser Orte auf den Gebieten der Viehzucht, der Holzwirtschaft, der Gerberei, der Walkmühlen, der Woll- und Leinenweberei spricht allerdings die hohe Dichte der Jahrmärkte. Die unwegsame Landschaft er-klärt auch, warum die Grafen so viele Amtssitze schufen, die sich zu Kleinstädten entwickelten. Der kleinstädtische Charakter dieser Orte darf also nicht als Kümmerform missgedeutet werden, sondern entsprach den naturräumlichen Gegebenheiten. In anderen Fällen versuchten die Ortsherren, mit Hilfe kleiner Zentralorte wie Diekirch, Grevenmacher, Houffalize, Marville, Neufchâteau, Rodenmacher neben der Steigerung ihrer Einnahmen auch ihr Prestige zu vermehren, den wirtschaftlichen Aufschwung ihres Territoriums zu fördern und eine Landbevölkerung zu halten, die ansonsten in attraktivere städtische Zentren auszuwandern drohte.

Im südlichen Teil des Herzogtums, der zum fruchtbaren Lothringer Stufenland gehört, war das Ortsnetz dichter. Hier lagen neben der Hauptstadt Luxemburg die Städte, die einen etwas höheren Zentralitätsgrad erreichten: Arlon, Diedenhofen, Echternach und Marville. Im 14. Jh. konnte Marche die älteren Grafschaftszentren Durbuy und Laroche überholen, weil in Marche der Austausch zwischen Ardennen und Famenne bzw. Condroz möglich war. Die kleinräumige Gliederung des Naturraums und die günstigen Voraussetzungen für Viehzucht (Pferde), die sich noch um 1600 auf die Landmärkte auswirkte, erlaubte eine verhältnismäßig dichte Besiedlung, jedoch nicht die Ausbildung urbaner Zentren mit starken sekundären (Handwerk) und tertiären (Handel und Dienstleistungen) Wirtschaftssektoren wie im Hinterland von Köln, der größten Stadt im Deutschen Reich, oder in den flachen Küstenlandschaften Flanderns und Hollands, der am stärksten urbanisierten Landschaft Europas nördlich der Alpen. Im Verhältnis zu den großen europäischen Wirtschaftsregionen befand sich das Herzogtum Luxemburg in einer Randlage, die es den Einheimischen nicht erlaubte, von internationalen Handelsströmen zu profitieren, um den eigenen kommerziellen und urbanen Aufschwung voranzutreiben. Es sind die politisch-administrativen Zentralfunktionen, die die Städte dem Landesherrn verdankten, die vorrangig das dichte Netz von Kleinstädten erklären, mit dem sich die Städtelandschaft des Herzogtums von anderen unterscheidet.

10. Das Herzogtum Luxemburg zwischen dem Habsburgerreich und Frankreich

Landesbewusstsein? Das ganze Mittelalter hindurch lässt sich kein Zeugnis finden, in dem die Einwohner der Grafschaft bzw. des Herzogtums sich als Luxemburger bezeichneten. Selbst dort geborene Humanisten, von denen etliche an der Universität Löwen – Hieronymus von Busleyden aus Arlon hatte dort 1517 das Collegium Trilingue gegründet – studiert und teils auch gelehrt hatten, verstanden sich als *Luxemburgenses* nur, wenn sie aus der Stadt Luxemburg stammten. Daran ändert sich auch in der Frühen Neuzeit nichts Wesentliches. Die Epoche gilt als die am wenigsten erforschte, nicht nur weil die Quellen im Ausland zu suchen sind, sondern auch weil die Historiker des werdenden Nationalstaats im 19. Jh. sie als ‹Zeit der Fremdherrschaft› bezeichnet haben, da die Herrscher nicht mehr dem Haus Luxemburg entstammten.

Die Zeitgenossen hatten aber keine Zweifel an der Legitimität ihrer Herrscher. Hatte 1567 die Generalstatthalterin der Niederlande, Margarete von Parma, Luxemburg als arm, unfruchtbar, herrschertreu und sehr katholisch bezeichnet, antwortete ihr 1623 indirekt Nikolaus Vernulaeus, ein aus dem Herzogtum stammender Löwener Humanist im Widmungsbrief in seinen *Institutionum politicarum libri IV*: Er betonte die Treue der Luxemburger – hier eindeutig als Volk bezeichnet – gegenüber ihrem Herrscher während des Aufstands der Niederlande sowie ihre Treue gegenüber dem römisch-katholischen Glauben. In diesem Text sind wohl erstmals Elemente eines Landesbewusstseins zu erkennen: gemeinsame Vergangenheit, gemeinsame Werte, die es zu verteidigen gelte, und ein gewisses Überlegenheitsgefühl gegenüber den Nachbarn. Ein solches Bewusstsein war aber allenfalls in der kultivierten Elite der Luxemburger Gesellschaft anzutreffen. Doch selbst diese

Elite bot Ludwig XIV. 1687 die Stadtschlüssel des eroberten Luxemburg an.

Wie gering ein Landesbewusstsein ausgeprägt war, zeigt auch die Geschichtsschreibung: Der Arzt Jean d'Anly ließ 1585 seine kurze Geschichte «der Ardennerfürsten, vornehmlich der Herzöge und Grafen von Luxemburg und Chiny» zeittypisch mit dem Fall Trojas beginnen und verwob die Geschichte Luxemburgs stark mit jener Lothringens und Belgiens. Johannes Bertels, Abt von Luxemburg und Echternach, veröffentlichte 1605 in Köln eine ‹Historia Lvxembvrgensis›, von der er selbstbewusst behauptete, dass sie die erste Darstellung der Geschichte dieser Provinz sei. Sie umfasst zwei Teile: eine Dynastiegeschichte, die Siegfrieds Ahnen auf den Frankenkönig Faramund zurückführt und die Herrscherreihe bis Erzherzog Albert († 1621) fortsetzt, und eine Beschreibung des Herzogtums, seiner Teilgebiete, der Städte, Dörfer, Jahrmärkte und Flüsse, in der Bertels die Unterschiede zwischen dem frankophonen Westen und dem germanophonen Osten unterstreicht.

Die habsburgische Verwaltung   Die politische Geschichte der Frühen Neuzeit lässt sich auf einen Dauerkonflikt um die Vormacht in Europa zwischen den von Habsburg gehaltenen Ländern (Deutsches Reich, Österreich, Böhmen-Mähren, Burgund, Niederlande, Spanien, Nord- und Süditalien) und dem Frankreich der Valois, die 1589 von den Bourbonen abgelöst wurden, zuspitzen. Nachdem Karl V. sich 1519 bei der Kaiserwahl gegen Franz I. von Frankreich durchgesetzt hatte, war der Krieg nicht zu vermeiden. Gleichzeitig musste Karl V. gegen die protestantischen Reichsstände sowie gegen die Türken kämpfen. War zunächst vor allem Italien von den deutsch-französischen Auseinandersetzungen betroffen, so kam es 1542 zur Eroberung des Herzogtums Luxemburg durch die französische Armee. Statt seinem Kriegsrat zu folgen und die Festung Luxemburg zu zerstören, ließ Franz I. die Bastionen ausbauen. Nach zwei französischen Eroberungen und zwei kaiserlichen Rückeroberungen einigten sich Karl V. und Franz I. 1544 im Frieden von Crépy. Das Herzogtum Luxemburg blieb im Besitz der Habsburger,

Burgund fiel zurück an Frankreich. Mit Hilfe italienischer Ingenieure wurde die Festung Luxemburg weiter ausgebaut; in der
Auseinandersetzung zwischen Frankreich und dem Reich kam
ihr fortan eine erstrangige strategische Bedeutung zu. Karl V. ernannte Graf Peter Ernst von Mansfeld zum Gouverneur des
Herzogtums (1545–1604). Dieser ließ sich ein Renaissance-
Schloss bauen, in dem er Antiquitäten sammelte, da nach einer
Pulverexplosion (1554) das Grafenschloss auf dem Bockfelsen
nicht mehr aufgebaut wurde. Außerdem wurde das alte Rat-
haus durch einen Renaissance-Bau, den heutigen großherzoglichen Palast, ersetzt (1572).

Bei der Abdankung Karls V. (1556) erbte Philipp II. Spanien
sowie die habsburgischen Niederlande mit Luxemburg. Um
sich ein Bild ihres militärischen Werts zu machen, ließ er ab
1559 Jakob von Deventer alle Städte mit ihren Verteidigungsan-
lagen aufzeichnen. Anlässlich der Heirat seiner Tochter Isabella
mit Albert von Österreich (1598) übertrug König Philipp ihr die
Niederlande. Da sie kinderlos blieben, fiel das Territorium 1621
an die spanische Krone zurück.

Die Verwaltung des Herzogtums war auch nach den Reformen Karls V. (1531) vom Widerspruch zwischen Modernisie-
rungstendenzen in Richtung Einheitsstaat, die unter Philipp II.
absolutistische Züge annahmen, und auf Autonomie bestehen-
den Beharrungstendenzen der kleinadligen Gerichtsherren und
der Ständeversammlung gekennzeichnet. Dies führte oft zur
Einrichtung paralleler Institutionen, da die alten nicht abgeschafft wurden, um den traditionellen Eliten den Schein ihres
Einflusses zu lassen. In den neuen Institutionen trieben die juris-
tisch gebildeten Räte aus dem Bürgertum hingegen die rationale
Durchgestaltung der staatlichen Verwaltung voran. In den
nördlichen Niederlanden führte der Konflikt, verstärkt durch
religiöse Gegensätze, zur Abtrennung von Spanien.

Bis auf General Johann Beck (1628–1638) waren alle Pro-
vinzgouverneure Landesfremde, obschon der Stadtmagistrat regelmäßig um die Ernennung eines landes- und sprachkundigen
Gouverneurs bat. Sie unterstanden dem Generalgouverneur in
Brüssel, der stets ein(e) Blutsverwandte(r) des Königs war. Der

Provinzialrat, der 1531 das Hofgericht ablöste, bestand nur aus Eingesessenen: einem (geadelten) Präsidenten, drei Adligen und drei Juristen. Allein schon der Namenswechsel ist ein deutliches Indiz für die fortschreitende Zentralisierung, denn das Herzogtum war wie alle anderen Territorien nur durch Personalunion mit den übrigen ‹Provinzen› der Niederlande verbunden. Zusammen mit dem Gouverneur bildete der Provinzialrat die Landesregierung und den obersten Gerichtshof. Ihm oblag es, königliche Dekrete umzusetzen und das sogenannte *Placet* zu gewähren, d. h. auswärtigen Bischöfen zu erlauben, kirchliche Verwaltungsakte und pastorale Anweisungen zu erteilen. Zum Wahrer der partikularen Interessen des Herzogtums entwickelten sich in erster Linie die Landstände. Sie nahmen das Steuerbewilligungsrecht wahr, besaßen aber kein Selbsteinberufungsrecht. Zum Zeichen ihrer Autonomie nahmen die Luxemburger Landstände nur selten an den Versammlungen der nach Brüssel einberufenen Generalstaaten der Niederlande teil. Sie setzten sich aus Vertretern des Adels, des Klerus – de facto der Äbte – und des (gelehrten) Stadtbürgertums zusammen und erlangten 1594 das Recht, eine eigene Steuer zu erheben, und somit ihre finanzielle Unabhängigkeit. Das Gewohnheitsrecht wurde auf kaiserlichen Befehl von 1531 in allen Teilgebieten der Niederlande aufgezeichnet, für das Herzogtum Luxemburg aber erst 1623 veröffentlicht. In der Stadt Luxemburg ließen sich wegen der dort angesiedelten Behörden immer mehr Rechtsanwälte nieder, die neben Handwerkern und Händlern eine neue soziale Gruppe bildeten.

Die religiöse Lage   Bei dem im 16. Jh. um sich greifenden Hexenwahn bildete der Raum zwischen Eifel, Ardennen, Mosel und Rhein eine Kernzone. Während die Zahl der Hinrichtungen europaweit auf 60 000 bis 80 000 geschätzt wird, werden allein für das Herzogtum Luxemburg 350 bis 700 Prozesse vermutet. Die Ursachen sind vielschichtig: der Krisencharakter der Epoche (kleine Eiszeit mit starken Ernteausfällen, zahlreiche Kriege mit Plünderungen durch Feind und Freund, Epidemien unter Mensch und Tier); individuelle Racheakte gegenüber Neureichen; eine dämonologische Literatur, die selbst von Bischöfen verbreitet wurde; Verdächtigung bei allen Normabweichungen (physische und geistige Behinderungen, Inzest und Ehebruch, Kindestod oder Kühesterben), die zur Massenhysterie führten; grundherrliche und lokale Gerichte, die sich über die Kontrollversuche des Provinzialrats hinwegsetzten; Folter zum Erpressen neuer Namen von grundlos Verdächtigten; Amtleute, Anwälte, Richter, Schöffen, die an den Prozessen Geld verdienten. In dem politisch stark zersplitterten Raum sahen viele kleine Herren – von der Abtei St. Maximin bis zum Herrn von Elter – im Hexenprozess die Möglichkeit, ihre Gerichtshoheit gegenüber der Zentralgewalt zu behaupten. Die Verfolgungen hörten erst mit der langsamen Verbesserung der Schulbildung rund 100 Jahre nach dem Trienter Konzil auf bzw. als der französische Absolutismus ihnen in den eroberten Gebieten ein Ende setzte. Im Herzogtum Luxemburg fand der letzte Hexenprozess 1692 in Echternach statt.

Mitverantwortlich für die Ausmaße, die der Hexenwahn annahm, war auch die nur rudimentäre religiöse Bildung der Gläubigen wie des niederen Klerus. Die Zersplitterung des Herzogtums auf fünf Bistümer, vor allem Trier und Lüttich, und das von den Burgundern eingeführte *Placet*-Gebot führten zu einer mangelhaften Ausbildung und Kontrolle des niederen Klerus. Von der diözesanen Neuordnung der Niederlande durch Philipp II. (1559) war Luxemburg nicht betroffen, weil die Äbte nicht zugunsten eines Bischofssitzes auf Klosterbesitz verzichten und die Trierer und Lütticher Bischöfe ihre Bistümer nicht verkleinern lassen wollten. Der Glaube der kleinen Leute blieb folglich sehr stark von Elementen des Aberglaubens durchsetzt. Weder Luther noch Calvin fanden im Herzogtum Luxemburg Anhänger.

Die 1569/70 erfolgte Visitation deckte katastrophale Zustände auf, doch erst die Ankunft der Jesuiten, die 1603 in der Hauptstadt ein Kolleg gründeten und die Kirche Unserer Lieben Frau errichteten (die 1870 Kathedralkirche wurde), führte langsam zu einer Verbesserung der religiösen Lage. Die Schule zählte schon bald 400 Schüler und 50 Jesuiten. Ein eigens verfasster

Katechismus wurde 1624 in Luxemburg gedruckt. Volksmissionen brachten die katholische Reformbewegung auch aufs Land. Gebetsbruderschaften, unter anderem von Studenten, sorgten für das Wiederaufleben der orthodoxen religiösen Praxis. 1627 eröffnete die Kongregation der Schwestern Unserer Lieben Frau aus Nancy auf Betreiben der politischen Führungsschicht in Luxemburg eine Mädchenschule. Im Umfeld der Jesuiten kam 1624 die Verehrung Mariens als Trösterin der Betrübten auf. Die nach spanischer Mode bekleidete Statue in einer Kapelle vor den Festungsmauern wurde schnell zum Wallfahrtsmittelpunkt. In der Folge des Dreißigjährigen Krieges, den nur die Hälfte der Bevölkerung des Herzogtums überlebte, wurde 1666 die Muttergottes von den Stadtbehörden zur Stadtpatronin gewählt und 1678 vom Provinzialrat zur Landespatronin, die das Land gegen Hunger, Pest und Krieg schützen sollte.

Französische Eroberungen Im Pyrenäenfrieden von 1659, der den spanisch-französischen Krieg nur vorläufig beendete, musste Spanien auf den Süden des Herzogtums Luxemburg mit den Städten Diedenhofen (Thionville) und Montmédy verzichten. Ludwig XIV. ließ seinem spanischen Gegner weiterhin keine Ruhe, und 1684 kapitulierte die Festung Luxemburg nach monatelanger Belagerung und Bestürmung durch den französischen Marschall Créqui und den Festungsbauingenieur Vauban. Zwei Drittel der Wohnhäuser waren derart beschädigt, dass keine Soldaten mehr einquartiert werden konnten. Vauban machte sich sofort an den Ausbau der Befestigungen und der Kasernen und bezog erstmals auch die Anhöhen auf den gegenüberliegenden Talseiten ein, damit sie künftig nicht mehr als Basis feindlicher Artilleriestellungen dienten, von denen aus das Stadtzentrum Luxemburg beschossen werden konnte. Die Stadt erhielt durch Vauban ihre bis heute prägende Silhouette, während im Rest des Herzogtums Burgen und Stadtmauern zerstört wurden. Um eine dauerhafte Anbindung an Frankreich sicherzustellen, förderten königliche Dekrete französische Einwanderungen ins demographisch sehr geschwächte Herzogtum, das der Metzer Generalität angegliedert wurde. Der königliche Besuch von 1687 zeigte, dass das Stadtbürgertum der neuen Verwaltung nicht feindlich gesinnt war. Luxemburger Notablen gelang es, sich lukrative Posten zu sichern. Doch schon im Frieden von Rijswick musste Ludwig XIV. (1643–1715) auf Luxemburg verzichten, während er die Freigrafschaft Burgund definitiv Frankreich angliedern konnte. Der französisch-spanische Erbfolgekrieg (1701–1714) brachte erneut eine militärische Besetzung Luxemburgs, doch die Friedensverträge von Utrecht und Rastatt sprachen das Herzogtum nunmehr den österreichischen Herrschern aus dem Haus Habsburg zu. Damit begann für das Herzogtum eine lange Epoche ohne Kriegshandlungen auf dem eigenen Territorium.

11. Luxemburg im österreichischen Reformabsolutismus

Hatte schon Kaiser Karl VI. (1714–1740) Reformen angekündigt, so gelang es erst Kaiserin Maria Theresia (1740–1780), sie durchzusetzen, während ihr Sohn Joseph II. (1780–1790), der die Gesellschaft noch radikaler umgestalten wollte, letzten Endes scheiterte. Sehr konkret brachte Maria Theresia ihre Auffassung vom aufgeklärten Absolutismus zum Ausdruck: «Ich schulde meinen Untertanen Schutz und Gerechtigkeit, sie mir Gehorsam und Steuern.» Das Anliegen der Herrscher in Wien war es, das Steueraufkommen der Niederlande zu verbessern und zu diesem Zweck die Verwaltung zu rationalisieren. Das zog de facto eine Modernisierung der Wirtschaft und der Gesellschaft nach sich. Das Herzogtum Luxemburg diente im Rahmen der «belgischen Provinzen» des österreichischen Kaiserreiches öfters als Versuchsfeld, um neue Verwaltungsmaßnahmen einzuführen.

Bislang wurde der von der Wiener Regierung geforderte Steuerbetrag von der Luxemburger Ständeversammlung, die die Ausgaben aber nicht kontrollieren durfte, gutgeheißen – Reduktionen konnten nur in Ausnahmefällen durchgesetzt werden –, vom Provinzialrat aufgrund einer 1659 zum letzten Mal aktualisierten Einwohnerliste auf die Gemeinden umgelegt und unter der Kontrolle des Brüsseler Generaleinnehmers eingetrieben. Alle Reformen scheiterten an den Steuerprivilegien von Adel und Klerus; die Landbevölkerung musste die Steuerlast weitgehend allein tragen. Angesichts der demographischen Umstrukturierung infolge der Kriege des 17. Jh.s entsprach die Steuergrundlage seit langem nicht mehr den Realitäten. Die Finanzbedürfnisse des Zentralstaats waren aber wegen der Hofhaltung, des Verwaltungsausbaus und der Kriege stark gewachsen. Daher verfügte Maria Theresia 1766 erstmals in ihrem Reich eine Volkszählung und die Einführung eines Liegenschaftenkatasters in der 10 000 km² großen Provinz. Die Maßnahme bezweckte nicht nur eine höhere Steuergerechtigkeit, sondern auch eine Stärkung des Zentralstaats und wurde unter Leitung des jungen Johann Philipp von Cobenzl zum politischen und fiskalischen Erfolg. 1771 wurde der Widerstand des ohnehin verarmten Adels, der häufig bei fremden Herren im Dienst stand, dadurch gebrochen, dass seine Steuerfreiheit abgeschafft wurde und er eine Grundherrschaft mit Hochgerichtsbarkeit für seine Standeszugehörigkeit nachweisen musste. Dadurch fiel der Stand von 40 auf zwei Mitglieder.

Die Ständeversammlung musste künftig jede Ausgabe aus Eigenmitteln rechtfertigen. Ab 1775 wurden alle Bürgermeister und Schöffen auf Lebenszeit ernannt und nicht mehr von den Bürgern gewählt. Das städtische Finanzwesen wurde der direkten Kontrolle der Brüsseler Regierung unterstellt. Auch die Befugnisse der Zünfte wurden eingeschränkt, ihr Monopol 1784 abgeschafft, und sie mussten alle Kandidaten zur Lehrlings- oder Gesellenausbildung zulassen. Der Versuch Kaiser Josephs II., die Provinzen ohne Rücksicht auf historische Grenzen durch neun Verwaltungskreise zu ersetzen und die Gerichtsverwaltung zu zentralisieren, um richterliche und ausführende Gewalt zu trennen, scheiterte aber am Widerstand der belgischen Provinzen.

Seit Karl VI. war eine durchgreifende Reform des Straßenwesens gemeinsames Anliegen der Zentralverwaltung und des

Provinzialrats. Der katastrophale Straßenzustand verhinderte Importe in Krisenzeiten und Exporte bei Überschussproduktion und trug so wesentlich zur witterungsabhängigen Versorgungslage der Provinz mit entsprechend problematischer Preisentwicklung im Fall von Missernten bei. 1718 stimmte der Kaiser dem Wunsch der Landstände zu, den Straßenbau in Eigenregie durchzuführen und gewährte die Erhebung einer Sondersteuer, über deren Ausgabe sie allein bestimmen konnten. Der dadurch notwendig gewordene Ständeausschuss entwickelte sich gewissermaßen zu einer embryonalen Landesregierung. Der Bau einer neuen Staatsstraße zwischen Brüssel und Luxemburg über Neufchâteau und Namur wurde erst 1766 in Angriff genommen, weil die Landstände die direkte Verbindung über Bastnach bevorzugten, die Zentralregierung aber aus zollpolitischen Gründen eine Trassenführung über Lütticher Exklaven und das Herzogtum Bouillon vermeiden wollte. Dank bäuerlicher Zwangsarbeit war die Straße 1772 fertiggestellt. So nutzte der Zentralstaat auch den Straßenbau zur Gängelung der Stände.

Trotz der genannten Handelshemmnisse ließen sich wichtige Neubürger in der Provinzhauptstadt nieder. 1736 etablierte sich Jules-Joseph-Antoine Pescatore, der zusammen mit seinen in Koblenz wohnenden Brüdern und Vettern im Textil- und Kolonialwarenhandel (Tabak, Gewürze) aktiv wurde und sich auch als Bankier betätigte. Des Weiteren übernahm er die Papiermühle seines Schwiegervaters, kaufte eine Tabakmühle und beutete die Kupferminen von Stolzemburg aus. Nicht zuletzt durch den Kauf von Nationalgütern stiegen seine Nachkommen im frühen 19. Jh. in die politische Führungsschicht auf. Ihre Kunstsammlung bildet den Grundstock der heutigen städtischen Gemäldegalerie.

Die vorindustrielle Produktion beschränkte sich weitgehend auf Ledergerbereien und Papiermühlen sowie auf Textilmanufakturen, die vom Befehl Maria Theresias profitierten, Uniformen in der Provinz der jeweiligen Garnison herstellen zu lassen, wurde aber eng von den Zünften kontrolliert. Von Bedeutung war die Eisenproduktion auf Wiesenerz- und Holzkohlebasis in der Hand von Adel und Klöstern, weil diese Art der Wertschöpfung ihnen nicht verboten war. 1754 wurde der Turnus des Holzschlags von 60 auf 30 Jahre verkürzt, um der steigenden Nachfrage nach Holzkohle entgegenzukommen. 1766 errichteten die Gebrüder Boch aus Lothringen mit kaiserlichem Privileg eine Steingutmanufaktur in der Nähe von Lehmgruben auf einem von der Stadt Luxemburg zur Verfügung gestellten Terrain, doch außerhalb der Reichweite der Zünfte. Dank Zollvergünstigungen konnten sie das gesamte Reich, vor allem aber die Niederlande beliefern. Schon 1784 hatten dort 300 Personen Arbeit gefunden. Die Steingutmanufaktur Villeroy & Boch bestand am selben Ort bis 2010.

Die Kaiserin förderte den Agrarindividualismus, indem sie 1770 die Erlaubnis zur Einzäunung der Wiesen und Äcker und 1778 zur Teilung der Allmende (der Gemeindeflur im gemeinsamen Besitz der Dorfbewohner) gab. Frondienste, die der Adel angesichts seines fallenden Anteils an den verbesserten Agrareinkünften neu durchzusetzen versuchte, wurden schon 1752 verboten. Mit Erfolg konnte der Provinzialrat die Brüsseler Behörden überzeugen, die Kartoffelernte nicht dem Zehnt zu unterwerfen, da diese neue Pflanze die Not des gemeinen Volks sehr lindere. 1782 schaffte Joseph II. die Leibeigenschaft ab, 1787 die Folter.

Hatte seine Mutter Maria Theresia schon den Jesuitenorden verboten, so hob Joseph II. alle beschaulichen Orden auf; nur die Schul- und Hospitalorden durften weiterhin ihre Dienste anbieten. Dem Toleranzedikt von 1781 folgte 1786 das Verbot fast aller Wallfahrten, inklusive der Springprozession von Echternach (mit bischöflicher Zustimmung aus Trier) und der Muttergottesoktave in Luxemburg, die Zusammenlegung aller Kirmesfeiern auf den zweiten Sonntag nach Ostern und die Vereinigung aller Bruderschaften in einer «Bruderschaft zur aktiven Nächstenliebe». Alle Priesteramtskandidaten waren zum Besuch des staatlichen Seminars in Löwen verpflichtet, das allerdings – einziges Beispiel einer Rücksichtnahme auf eine Provinzpartikularität – eine Filiale im deutschsprachigen Teil des Herzogtums eröffnen durfte. Da die Kirche in Luxemburg seit Einführung des *Placet* durch die Burgunderherzöge an eine obrigkeitliche Gängelung gewöhnt war, akzeptierte sie auch die josephinische Kirchenpolitik ohne aktiven Widerstand.

Als es 1787 im Westen der österreichischen Niederlande zur reaktionären Revolte gegen die Reformen Josephs II. kam und dieser entgegen dem Rat seiner Beamten zu keinem Zugeständnis bereit war, zog sich die Armee nach Luxemburg zurück. 1790 widerrief der neue Kaiser Leopold alle Maßnahmen seines Bruders, außer der Abschaffung der Leibeigenschaft.

Die Nicht-Beteiligung Luxemburgs, auch des Adels, an der Brabanter Revolution ist gelegentlich als Anzeichen für einen Provinzpartikularismus, wenn nicht als Vorstufe zu einem Luxemburger Nationalismus gedeutet worden. Der Historiker Gilbert Trausch sah die Gründe eher in der geographischen (Ardennen) und politischen (Fürstbistum Lüttich) Abschneidung vom Rest der Niederlande und in der fehlenden kulturellen Homogenität. Die Bewohner der beiden Sprachgebiete verfolgten auch wirtschaftlich unterschiedliche Interessen. Demgegenüber betont Guy Thewes die schon weiter gediehene Integration Luxemburgs in den habsburgischen Gesamtstaat, um die Loyalität der Luxemburger Landstände zu erklären. Er konnte in seiner jüngst erschienenen Dissertation nachweisen, dass es hier im Gegensatz zu den Zentralisierungsbestrebungen der maria-theresianischen Staatsreform immer wieder zu Rekrutierungsmaßnahmen durch die Landstände gekommen war. Und noch unter Joseph II. erwies sich die Kooperation der Brüsseler Institutionen mit den Luxemburger Landständen als unabdingbar, um die Versorgung der Armee sowohl als der Bevölkerung sicherzustellen, was der klassischen These von einer zunehmenden Unterordnung der Landstände unter die Zentralverwaltung widerspricht. Rückzug des Staates und Entflechtung von Militär- und Zivilbehörden und -finanzen wechselten sich ab mit Schritten zur institutionellen Integration von Staat und Armee.

Der weitere Ausbau der Festung Luxemburg trug ihr den Namen «Gibraltar des Nordens» ein. Es besteht kein Zweifel, dass sich unter österreichischer Herrschaft die Lebensbedingungen im Herzogtum Luxemburg verbesserten: Hungersnöte wurden seltener, das Land blieb vom Kriegsgeschehen verschont.

Nichtsdestoweniger stiegen die Kriegssteuern und junge Männer wurden in die kaiserliche Armee eingezogen. Obschon die Provinz nur 10% der Bevölkerung der österreichischen Niederlande ausmachte, stellte sie 1786 17% der Rekruten: eher ein Indiz für die häusliche Armut. Es wäre falsch, aus den aus theresianischer Zeit erhaltenen großen Gehöften auf ein ‹Goldenes Zeitalter› zu schließen, da die viel zahlreicheren Holzhäuser und Tagelöhnerhütten wegen der Vergänglichkeit des Baumaterials eben nicht mehr nachweisbar sind. An den traditionellen Strukturen der Ständegesellschaft und der wirtschaftlichen Rückständigkeit hatte sich trotz von oben aufgezwungener Reformen vor dem Einmarsch der französischen Revolutionstruppen nicht viel geändert.

12. Das Département des Forêts

Am 20. April 1792 erklärte Frankreich Österreich den Krieg. 1794 besetzte es das linke Rheinufer, Belgien, Holland und große Teile des Herzogtums Luxemburg. Saint-Hubert in den Ardennen wurde provisorischer Sitz der französischen Verwaltung. Die Belagerung der Festung Luxemburg, des letzten österreichischen Bollwerks westlich des Rheins, begann am 21. November 1794. Die ausgehungerte Garnison kapitulierte am 7. Juni 1795. Am 1. Oktober 1795 beschloss der Pariser Nationalkonvent den Anschluss der Niederlande und des Fürstbistums Lüttich an den französischen Zentralstaat und teilte, ohne Rücksicht auf die historische Raumgliederung, aber auch ohne dass sich regionaler Protest erhoben hätte, das eroberte Gebiet in neun Departements auf. Während der Großteil des ehemaligen Herzogtums Luxemburg das *Département des Forêts* bildete, wurden im Westen und Norden Teile mit Gebieten Lüttichs bzw. Namurs zu den Departements der Ourthe und der Sambre-et-Meuse vereinigt. Diese territorialen Veränderungen wurden 1797 im Vertrag von Campo Formio international sanktioniert.

Luxemburg war nicht auf die Einführung des republikanischen Regimes vorbereitet. Eine den Ideen der Revolution aufgeschlossene Bourgeoisie spielte selbst in der Hauptstadt keine Rolle. Die grundherrliche Ausbeutung der Bauern war dank der Reformen des 18. Jh.s schon stark abgemildert worden. Die katholische Religion war fest im Volk verankert, der Klerus teilte die Armut der Landbevölkerung. Die in den Jahren 1789/90 in Belgien veröffentlichten Libelli mit der revolutionären Forderung nach Freiheit, Gleichheit und Brüderlichkeit für die Luxemburger Nation waren individuelle Initiativen ohne Rückhalt und Echo im Volk. Seit 1789 hatten etliche französische Adlige und Priester ihren Fluchtweg über das Herzogtum gewählt und sicher die gegenrevolutionäre Trommel gerührt. Einige Indizien lassen darauf schließen, dass auch der König bei seinem Fluchtversuch vom 20. Juni 1791 in Luxemburg österreichisches Gebiet erreichen wollte. Obschon eine freiwillige Bürgermiliz die österreichische Garnison unterstützt hatte, wurde am 12. Juni 1795 der Vertreter des französischen Volkes feierlich in der Hauptstadt begrüßt. Stadtmagistrat und Zunftmeister einerseits und die Landstände andererseits versicherten ihm, dass Luxemburg der französischen Republik mit derselben Ergebenheit dienen werde wie seinen bisherigen Machthabern.

Spannungen kamen auf, als französische Beamte nach Luxemburg beordert wurden, die nicht nur den Einheimischen den Zugang zum Staatsdienst verschlossen, sondern zudem der deutschen Sprache nicht mächtig waren. Die Gesetze des Directoire, welche den republikanischen Kalender und das metrische System einführten, alle öffentlichen Kultzeichen (Prozessionen, Glockengeläut, Priesterhabit, Straßenkreuze) beseitigten, den Fischverkauf am Freitag verboten, die Klöster auflösten, die Pfarrregister durch den Zivilstand ersetzten oder die Zünfte abschafften, provozierten zwar keine Unruhen, wurden aber mit Nichtbeachtung quittiert. Deswegen verlangte das Directoire 1797 von allen Beamten und vom Klerus einen Hasseid auf die Monarchie, der von den meisten Beamten im Westteil des Departements geleistet wurde. Aber 825 von 1106 Priestern verweigerten trotz konzilianter Haltung des Trierer Erzbischofs den Eid und wurden mit Beschlagnahmung des Pfarreigentums, 64 von ihnen auch mit Deportation bestraft. Die meisten fanden auf Bauernhöfen ihrer Pfarrei Unterschlupf.

Als 1796 die Bauern erstmals gezwungen wurden, Transportdienste für die Rheinarmee zu leisten, kam es zu Verweigerungen, weil die gegenrevolutionäre Propaganda die Maßnahme als ersten Schritt zur Kriegsdienstpflicht bezeichnete. Die Verweigerer wurden von den neu eingerichteten Friedensgerichten (je eines pro Kanton) freigesprochen, da diese von Einheimischen besetzt waren. Unruhen brachen aus, als 1798 die Militärpflicht für die Geburtsjahrgänge 1775 bis 1778 eingeführt wurde. Es kam in Flandern, der Campine, den Ardennen, dem Ösling und der Eifel zu gleichzeitigen Aufständen, so dass an eine zentrale Steuerung durch österreichische oder britische Spione zu denken ist. Die Bauern waren mit dem Klerus solidarisch und litten unter der Abschaffung des Flurzwangs, der einheitlichen Nutzungsordnung der Ackerflächen, und der kollektiven Nutzungsrechte (Weiden, Wälder), dank derer sie ihr bescheidenes Einkommen aus kleinem Grundbesitz aufbesserten. Doch es fehlte an einer militärischen Führung, Ausbildung und Ausstattung – wegen der Bewaffnung mit Holzknüppeln wird der Aufstand als *Klöppelkrich* (Knüppelkrieg) bezeichnet –, und so konnten die französischen Soldaten den Aufstand trotz zahlenmäßiger Unterlegenheit innerhalb von zwei Tagen niederschlagen. Etwa 200 bis 300 Bauern verloren im Wälderdepartement ihr Leben; 35 von 78 Angeklagten wurden zum Tode verurteilt. Nach 1839 wurde die Episode zum ersten Versuch eines nationalen Befreiungskampfs stilisiert. Als unter Napoleon rund 5000 junge Menschen aus dem Departement Militärdienst leisten mussten, desertierten nur wenige; fast die Hälfte kam aber ums Leben.

Die Stadtbürger – am *Klöppelkrich* unbeteiligt – fanden Gefallen an den ersten Wahlen und wählten antirepublikanische Kandidaten, so dass die französischen Machthaber die Ergebnisse annullierten. Nach und nach ergab sich eine Ämterteilung zwischen Luxemburger und französischen Beamten, wobei der Zentralkommissar, später der Präfekt immer ein Franzose war. Reiche Bürger ersteigerten auch die von Kirche und Adel beschlagnahmten Nationalgüter und konnten dank Wegfall der Grenzen ihren Marktbereich stark erweitern. Der ehemalige Abteischöffe J.-H. Dondelinger kaufte beispielsweise die Echternacher Abteikirche und baute sie zur Steingutfabrik um. Die von Napoleon verfügte Einführung eines Zivilgesetzbuches mit seinem Schutz der bürgerlichen Freiheiten kam dieser gesellschaftlichen Schicht sehr entgegen.

Mit dem Einmarsch hessischer Truppen im Frühjahr 1814 war die französische Herrschaft vorbei. Doch das republikanische Gedankengut wirkte nach, die Bourgeoisie hatte definitiv den Adel aus der Führungsrolle verdrängt, Handels- und Unternehmerfreiheit hatten sich durchgesetzt. Das 1804 eingeführte, neue Zivilgesetzbuch gilt in seinen Grundzügen bis heute, ebenso das metrische System, die Staatsbesoldung des Klerus, die Gemeindeverwaltung und die Armenfürsorge. In der Departementsbibliothek – der späteren Nationalbibliothek – wurden die Reste der säkularisierten Klosterbibliotheken gesammelt, soweit sie nicht Plünderungen zum Opfer gefallen waren. Den Echternacher Abteischatz hatten die flüchtenden Mönche mit nach Erfurt genommen, wo er an den Herzog von Gotha verkauft wurde, während die 84 kostbarsten in Luxemburg verbliebenen Handschriften aus Echternach und Orval für die Pariser Nationalbibliothek requiriert wurden.

13. Die Entstehung des Großherzogtums Luxemburg

Die Folgen des Wiener Kongresses (1815)   Nach der Niederlage Napoleons brachte der Wiener Kongress für Nordwesteuropa eine völlige Neuordnung. Die Habsburger verzichteten auf ihre niederländischen Besitzungen zugunsten italienischer Territorien. Preußen war zwar an einer territorialen Ausdehnung bis an die Maas interessiert, wurde daran aber durch Großbritannien gehindert, das auf die Schaffung eines Pufferstaates drängte, der aus den Niederlanden und den ehemaligen belgischen Provinzen der Habsburger bestehen sollte. Da Wilhelm von Oranien-Nassau im Rheinland und in Hessen Territorien an Preußen verlor, beschloss der Kongress, einen Großteil des ehemaligen Herzogtums Luxemburg als neuen, souveränen Staat zu errichten. Wilhelm I., als ehemaliger Statthalter auch König der Vereinigten Niederlande, wurde dafür der Titel eines Großherzogs zuerkannt. Zudem sollte der Großherzog von Luxemburg dem Deutschen Bund beitreten. Die Gebiete östlich von Mosel, Sauer und Our wurden dem preußischen Rheinland zugesprochen. Das bis 1795 unabhängige Herzogtum Bouillon wurde hingegen dem Großherzogtum einverleibt. 1818 fügte Wilhelm I. auch größere Gebiete der Provinzen Namur und Lüttich – nicht nur solche, die bis 1795 zum Herzogtum Luxemburg gehört hatten – dem Großherzogtum hinzu.

Wilhelm I. machte im Grundgesetz seines Königreiches keinen Unterschied zwischen Luxemburg und den übrigen 17 Provinzen. Nichtsdestoweniger stimmten 85 von 95 (vom König-Großherzog berufene) Vertreter des ehemaligen Herzogtums Luxemburg in der Notabelnversammlung dem Grundgesetz zu; nur zehn Verteter aus dem Kreis Marche/Saint-Hubert votierten wie 60 % der Abgeordneten der belgischen Provinzen erfolglos mit Nein.

Wilhelm I. ließ die Straßen erneuern, einen Maas-Mosel-Kanal ausheben (der aber nicht fertiggestellt wurde), eine Schulreform durchführen, Staatsuniversitäten gründen und die niederländische Sprache als zweite Amtssprache neben dem Französischen einführen. Die für die reichen Nordprovinzen konzipierte Steuerpolitik führte im armen Luxemburg zu erheblichen Belastungen durch Verteuerung der Grundnahrungsmittel. Luxemburger waren von Regierungsämtern, aus der Zentralverwaltung und selbst von der Vertretung beim Deutschen Bund ausgeschlossen. Die niederländischen Beamten reichten diesbezügliche Klagen der Bevölkerung nicht nach Den Haag weiter. Die nunmehr an die Diözese Namur angeschlossene Kirche in Luxemburg akzeptierte hingegen die Fortsetzung einer josephinistischen Kirchenpolitik.

Die Ursachen des Londoner Vertrags (1839)   Konsequenterweise schlossen sich die Bürger des Großherzogtums der Ende August 1830 in Brüssel ausgebrochenen Revolution gegen die autoritäre Herrschaft Wilhelms an, auch wenn ihre Beweggründe nicht jene des liberalen Bürgertums und der katholischen Kirche in Belgien waren, sondern vor allem im Protest gegen die unerträgliche Steuerlast zu suchen sind. Außer in der Hauptstadt, wo die orangistisch gesinnten – also dem Haus Oranien ergebenen – Wortführer des Bürgertums im Schutz der von einer preußischen Garnison besetzten Bundesfestung dem König treu blieben, wurde im ganzen Großherzogtum die belgische Fahne gehisst. Junge Luxemburger zogen nach Brüssel, um dem neuen Staat im Kampf gegen die niederländische Armee zu helfen. Als am 6. Oktober Gouverneur Jean-Georges Willmar in einer Proklamation hervorhob, dass der Wiener Kongress ein und demselben Fürsten zwei «voneinander unabhängige Souveränitäten» anvertraut habe, und festhielt, dass «eine eigene Volksthümlichkeit (nationalité) … dem Lützemburger Boden anklebend» sei, die durch eine belgische Einmischung verletzt würde, war es zu spät. Ebenso ging der königliche Beschluss vom 31. Dezember 1830, das Großherzogtum unter eine eigene, von den Niederlanden getrennte Verwaltung zu stellen, ins Leere bzw. betraf nur noch die Hauptstadt. Am 16. Oktober 1830 hatte die belgische Regierung beschlossen, dass Luxemburg Teil Belgiens sei, und einen eigenen Gouverneur mit Sitz in Arlon ernannt. Bei den (Zensus-)Wahlen zur Nationalversammlung stellte Luxemburg 16 der 200 Abgeordneten. Mitglied der Regierung war der aus Messancy stammende Luxemburger Jean-Baptist Nothomb, der den Entwurf zur liberalen belgischen Verfassung von 1831 ausarbeitete.

Die Londoner Konferenz der Großmächte, an die Wilhelm I. appelliert hatte, erkannte am 20. Dezember 1830 die Unabhängigkeit Belgiens an. Nach langen Verhandlungen legten die Diplomaten einen Kompromiss vor, der auf eine Teilung des Großherzogtums zwischen Belgien und dem König-Großherzog hinauslief. Das belgische Parlament akzeptierte den Vertragsentwurf, Wilhelm verwarf ihn. Es blieb beim Status quo einer belgischen Verwaltung, außer in der Hauptstadt, die unter niederländischer Hoheit blieb.

Erst 1838 entschloss sich Wilhelm I., unter dem Eindruck einer sich entvölkernden Hauptstadt, die Teilung des Großherzogtums anzuerkennen. Obschon in Belgien erstmals patriotische und demokratische Stimmen laut wurden, die den Respekt vor dem Willen der Luxemburger zur Einheit mit Belgien forderten, stimmte auch das belgische Parlament mit 58 zu 42 Stimmen zu. Gegen die Teilung hatten alle Luxemburger Abgeordneten gestimmt, da sie für den Einheitsstaat eintraten. Nur die beiden Luxemburger Regierungsmitglieder Nothomb und Willmar waren dafür. Der Londoner Vertrag vom 19. April 1839 besiegelte die Trennung. Ein während Jh.en institutionell geeinter Raum, dessen Bewohner aber selten den Wunsch nach Eigenständigkeit geäußert hatten, wurde somit geteilt: Der wallonische Westen blieb bei Belgien, der germanophone Osten wurde endgültig für selbständig erklärt mit dem niederländischen König als großherzoglichem Herrscher an der Spitze.

Erste Schritte in die Selbständigkeit 1815 wie 1839 haben fremde Mächte über eine staatliche Autonomie Luxemburgs entschieden. Die Bewohner der belgischen Provinz Luxemburg und ihre Mitbürger im übrigen Belgien erwarteten für die nahe Zukunft den Tag der Wiedervereinigung mit dem aus ihrer Sicht zu Unrecht abgetrennten Teilgebiet, dem wohl keine europäische Regierung eine Überlebenschance gab. Ein belgisches Gesetz, das auf Luxemburger Waren bis 1865 einen Vorzugszolltarif gewährte, sollte die wirtschaftliche Bindung mit dem abgetrennten Landesteil aufrechterhalten. Umso bedeutender waren die nun folgenden Schritte, mit denen in Rest-Luxemburg die neue Selbständigkeit zur Lebensfähigkeit ausgestaltet wurde.

1840 trat Wilhelm I. zugunsten seines Sohnes zurück. 1841 unternahm Wilhelm II. als erster niederländischer Herrscher eine Informationsreise durch sein Großherzogtum und sicherte dem Land eine Regierung durch Einheimische zu. Drei Problemkomplexe galt es zu bewältigen:

a) Der Staat brauchte eine eigene Verfassung: Wilhelm II. gewährte eine Charta, eine Ständeverfassung, die den restaurativen Grundsätzen des Deutschen Bunds entsprach. Die Ständeversammlung wurde beim ersten Mal vom König-Großherzog ernannt und erneuerte sich dann jeweils zur Hälfte nach dem Zensuswahlrecht. Sie hatte lediglich ein Kontrollrecht über das außerordentliche Budget.

b) Es fehlten kompetente Verwaltungen, für deren Aufbau Vorbilder aus der französischen Zeit (1795–1814) übernommen wurden. Amtssprache war in Zukunft Französisch, die Sprache des Bildungsbürgertums. Systematisch machte der Gesetzgeber Anleihen in den drei Nachbarländern, um die jeweils passendste Antwort auf die eigenen Probleme zu finden, sei es im Staatsbürgerschaftsrecht, in der kommunalen Organisation, in der Städteplanung oder in sonstigen Belangen. Ein in Diekirch und Echternach stationiertes Armeekontingent erfüllte die militärischen Bundespflichten. Der junge Staat schuf aber keine eigene Universität und führte erst 1881 die Schulpflicht ein.

c) Ohne wirtschaftliche Entwicklung war das Land nicht lebensfähig. Zur Lösung dieses Problems orientierte man sich am deutschen Modell, auch wenn letzten Endes mehr das preußische Drängen als das luxemburgische Bitten den Beitritt zum Deutschen Zollverein bewirkte. Luxemburg war durch Preußen indirekt im Zollparlament vertreten; die Zollverwaltung in Luxemburg stand unter preußischer Leitung. Die Regierung forcierte den Straßenbau und initiierte den Bau einer Eisenbahn. Steuererleichterungen trugen zu einem schnell spürbaren wirtschaftlichen Aufschwung bei.

Vor allem aber galt es – bewusst oder unbewusst –, die verbleibende Bevölkerung (52% der ehemaligen Einwohner auf 37,5% der Fläche des ehemaligen Großherzogtums) zu einer Nation zusammenzubringen. Eine bedeutende Rolle spielte dabei die Beamtenschaft, die ein Interesse am Fortbestand des neuen Staates hatte, nationale Feiern organisierte, Monumente errichtete und ihre Staatstreue auch in ihre Freizeitaktivitäten hineintrug. Die Rolle der Sprache bei der Nationwerdung ist umstritten: Etliche Historiker betonen, dass die neue Grenze entlang der deutsch-französischen Sprachgrenze verlief, so dass

nunmehr fast alle Einwohner Luxemburgs dieselbe Sprachvari-
ante benutzten, die als Luxemburger Deutsch bezeichnet wurde. Damit sei die wichtigste Bedingung für die Nationwerdung
Luxemburgs erfüllt gewesen. Sie übersehen, dass auch einige
frankophone Dörfer im Großherzogtum lagen und die germanophone Gegend um Arlon zu Belgien kam – da Frankreich
Luxemburg nicht zutraute, die strategisch wichtige Straße von
Longwy nach Namur wirkungsvoll zu verteidigen –, während
es nach Osten ein sprachliches Kontinuum über die Grenze hinaus gab.

Zu den wichtigen Gesetzen der ersten Stunde gehörte das
Schulgesetz von 1843, welches das Erlernen des Hochdeutschen
und des Französischen von der Grundschule an vorschrieb. Das
neue Land suchte so Anschluss an beide Kulturräume, denen es
seit jeher angehört hatte. Gleichzeitig erhob die Grundschule
die Dreisprachigkeit zu einem wichtigen Merkmal der Luxemburger. Parallel begann ein funktionaler Ausbau der luxemburgischen Sprache, der bis ins 21. Jh. andauert. Während Französisch Verwaltungs- und Gerichtssprache war und die legislati-
ven Texte zweisprachig veröffentlicht wurden, war Deutsch die
Sprache der Kirche (bis gegen Ende des 20. Jh.s) und wurde zunehmend zur Sprache der nach 1848 rasch aufblühenden Presse. Das höhere Bürgertum bevorzugte die französische Sprache
und schloss damit die weniger gebildeten Schichten von der
Teilhabe an der politischen Öffentlichkeit aus. Untereinander
unterhielt man sich auf *lëtzebuergesch*, aber keiner reklamierte
eine Nationalsprache. In den Jahren der Staatsgründung entstanden auch die ersten literarischen Texte auf Luxemburgisch:
insbesondere Lyrik und Theater, zwei Gattungen mündlicher
Dichtkunst, während der luxemburgische Roman sich erst im
späten 20. Jh. durchsetzen konnte. Zur selben Zeit erschienen
die ersten orthographischen und grammatischen Abhandlungen
zum *Lëtzebuergesch* und ein erstes Lexikon. Von der Romantik
und dem Historizismus beeinflusste Maler hielten Landschaften,
Gebäude und Denkmäler oder auch historische Szenen fest.

Die weitgehend der «orangistischen» Führungsschicht ange-
hörenden Historiker schrieben für den jungen Staat eine «Meis-

tererzählung», die seine Ursprünge ins Mittelalter verlegte. Sie
ließ die aktuellen Herrscher an die glanzvolle Epoche der Kaiser
und Könige aus dem Haus Luxemburg anknüpfen und erklärte
die Epochen unter burgundischer, habsburgischer oder französischer Herrschaft zu Zeiten der Fremdherrschaft. Der Begriff war
im aufkommenden Sprachgebrauch deutscher Historiker mit
der Vorstellung von Illegitimität verknüpft. Gleichzeitig wurde
der Partikularismus der Provinz Luxemburg im Ancien Régime
betont, um die Distanz zum neuen belgischen Nachbarn histo-
risch zu begründen. 1845 wurde die Gesellschaft zum Schutz
historischer Denkmäler, auch «Archäologische Gesellschaft» genannt, gegründet, die 1868 eine Sektion des Großherzoglichen
Instituts wurde, das sich aber nie zu einer Akademie der Wissen-
schaften entwickelte. Erst 1895 gründeten katholisch gesinnte
Historiker die Zeitschrift *Ons Hémecht* («Unsere Heimat»), die
die Meistererzählung ohne Abstrich übernahm.

Auch die katholische Kirche vollzog den Schritt zur staatlichen Eigenständigkeit: 1840 wurde das Großherzogtum von
der Diözese Namur getrennt und als eigenes apostolisches Vika-
riat unter Bischof Jean-Théodore Laurent errichtet. 1845 wurde
ein eigenes Priesterseminar eröffnet. Das antiklerikale Bürgertum stieß sich sowohl an der einseitigen Vikariatserhebung als
auch an der streng auf Rom ausgerichteten Einstellung von Bischof Laurent, der mit Einverständnis des König-Großherzogs
den Eid auf das Konkordat von 1801 verweigerte. 1870 erhob
Papst Pius IX., wieder ohne Absprache mit der Regierung, Luxemburg zu einem eigenen Bistum.

Die Revolution von 1848: Anschluss ans Deutsche Reich? Dafür,

dass die europäische Revolution von 1848 auch Luxemburg erfasste, gibt es verschiedene Gründe. Die schlechten Ernten der
Jahre 1846 bis 1848 und die hohen Brotpreise ließen den Unmut
der Unter- und Mittelschichten, die zudem unter dem 1845 erlas-
senen Verbot von Strohdächern zu leiden hatten, seit längerem
anschwellen. Die unpopulären Steuern und die hohe Zivilliste
des Königs vermehrten die Protestgründe. Der Volkszorn wurde
zudem angefeuert von den aus Paris zurückkehrenden Handwer-

kergesellen und Dienstmägden, die im Zug der dortigen Unruhen entlassen worden waren. Sie hissten die französische Fahne, nicht um einen Anschluss an Frankreich zu fordern, sondern um sich hinter die Revolutionsideale zu stellen. Andere erinnerten mit der belgischen Fahne an die liberale Revolution von 1830. Bischof Laurent stellte sich hinter die sozialen Forderungen und verlangte Pressefreiheit und Versammlungsfreiheit. Das «progressiv-liberale» bürgerliche Lager forderte darüber hinaus eine parlamentarische Verfassung. In den Arbeitervierteln der Städte verlangten radikalere Stimmen zudem das allgemeine Wahlrecht, Schulbildung für alle, staatliche Arbeitsbeschaffungsmaßnahmen, Höchstpreisedikte und Mindestlöhne. Eine breite Petitionsbewegung ergriff das ganze Land. In der Provinzstadt Ettelbrück kam es Mitte März zu Zusammenstößen mit der Gendarmerie. Erstmals traten 1848 profilierte politische Lager in Erscheinung.

Unter dem Druck der Straße gewährte Wilhelm II. am 18. März Pressefreiheit und die Wahl einer verfassungsgebenden Ständeversammlung. Fünf Tage später gründeten Katholiken die Zeitung *Luxemburger Wort*, die, eher deutschfreundlich ausgerichtet, sowohl auf dem Lande als auch im Arbeitermilieu Anklang fand und heute eine der ältesten Tageszeitungen Europas ist. Der konservativen Regierung gelang es, das restriktive Zensuswahlrecht beizubehalten, das die Stimmen an das Steueraufkommen band. Dennoch konnte die liberale Fraktion eine Verfassung nach belgischem Vorbild durchsetzen, mit Ausnahme der Freiheit, Schulen zu gründen, die der Kirche nicht gewährt wurde. Luxemburg wurde zur konstitutionellen Monarchie, ohne dass das Prinzip der Volkssouveränität im Verfassungstext verankert wurde. Eine Antwort auf die sozialen Probleme fand das Parlament nicht.

Die 48er Revolution hatte zum Teil Züge eines Kulturkampfs angenommen. Weil sie dem Apostolischen Vikar J.-Th. Laurent den starken klerikalen Einfluss auf das Schulwesen vorwarf, ihm den Kampf gegen die Freimaurerei übel nahm und ihn als Drahtzieher einer Demonstration gegen den Getreidehändler und liberalen Stadtbürgermeister Ferdinand Pescatore verdächtigte, erreichte die antiklerikale Regierung die Abberufung des Bischofs.

Die entscheidende Frage war jedoch jene nach der Eigenständigkeit des Luxemburger Staates. Als Zeichen gegen die revolutionären französischen und belgischen Fahnen hatte die Regierung am 3. April neben der luxemburgischen die neue deutsche Bundesfahne hissen lassen und eine Proklamation ans Volk veröffentlicht, in der es hieß: «Diese Fahne ist der Schirm für alle deutschen Nationalitäten. Sie ist das Symbol der Freiheiten und der föderativen Wiedergeburt Deutschlands. ... Die innige Vereinigung mit Deutschland ist unser Recht, unsre Pflicht, unser Heil.» Und der Regierungspräsident Ignace de la Fontaine meinte: «Wir können unsere Natur nicht verleugnen, wir sind Deutsche.» Nichtsdestoweniger gab das Parlament den drei Vertretern Luxemburgs in der Frankfurter Nationalversammlung den klaren Auftrag, die Unabhängigkeit Luxemburgs zu wahren und alle Entscheidungen der Abgeordnetenkammer und dem König-Großherzog zur Ratifizierung vorzulegen. Da die Paulskirchenversammlung auf ihrem Weg zur deutschen Einheit scheiterte, war auch die Frage einer Einbindung Luxemburgs in ein Deutsches Reich vom Tisch. Doch die sich bildende Luxemburger politische Klasse war gezwungen worden, über die Selbständigkeit des neuen Staates nachzudenken.

Wilhelm II. starb bereits 1849. Sein Sohn Wilhelm III. kehrte im Zuge der Restaurationspolitik des Deutschen Bundes zu einem autoritären Regierungsstil zurück. In einem Staatsstreich löste er 1856 das Parlament auf, weil die Abgeordneten sich weigerten, die Verfassung im reaktionären Sinn zu ändern, und verfügte eine autoritäre Verfassung. Ein vom König-Großherzog ernannter Staatsrat prüfte fortan die Gesetzesvorlagen und fungierte als Verwaltungsgericht. 1868 konnte die Ständeversammlung gegen den wegen der Auflösung des Deutschen Bundes isolierten Herrscher wieder die liberale Verfassung in Kraft setzen, auch wenn der nicht demokratisch legitimierte Staatsrat als eine Art Zweite Kammer ohne Initiativrecht beibehalten wurde.

Die Bedeutung der Luxemburg-Krise von 1867 1867 stand die Unabhängigkeit Luxemburgs erneut auf dem Spiel. Als Entschädigung für seine Neutralität im preußisch-österreichischen Krieg von 1866 forderte Napoleon III. die Kontrolle über die Festung Luxemburg. König-Großherzog Wilhelm III. war bereit, sich über die konstitutionelle Unveräußerlichkeit des Staatsterritoriums hinwegzusetzen, doch Bismarck verweigerte die Zustimmung zum Verkauf: Luxemburg war mittlerweile aus politischen, militärischen und wirtschaftlichen Gründen zu wichtig geworden, als dass Preußen es Frankreich überlassen hätte.

Um den drohenden Krieg in der Luxemburg-Frage abzuwenden, trat in London eine Konferenz zusammen, die im Vertrag vom 11. Mai 1867 Luxemburg unter der Garantie Frankreichs, Großbritanniens, Preußens, Österreichs und Russlands einen Neutralitätsstatus vorschrieb, also den Abzug der Bundesgarnison und das Schleifen der Bundesfestung verlangte. Einmal mehr entschieden ausländische Regierungen über das Schicksal des Großherzogtums. Das Land verdankte seine Selbständigkeit der Rivalität der benachbarten Großmächte. Während der Gemeinderat der Hauptstadt und die Geschäftsleute sich gegen diese Maßnahme wehrten, da sie den Verlust der Garnisonstruppen als Einwohner und Kunden befürchteten, und selbst einen Verkauf an Frankreich bevorzugt hätten, sollte sich die Öffnung der Stadt sehr schnell als Segen für ihre wirtschaftliche und demographische Entwicklung herausstellen.

Im Deutsch-Französischen Krieg von 1870 diente der Einsatz der Luxemburger Eisenbahn zur Verproviantierung der belagerten Stadt Diedenhofen Bismarck als Vorwand, um Luxemburgs Eigenständigkeit in Frage zu stellen. Diesmal flammte allerdings Massenwiderstand gegen die drohende Annexion auf: Petitionen mit mehr Unterschriften als es Wahlberechtigte gab und patriotische Demonstrationen trugen wohl nicht zur Rettung der Unabhängigkeit bei, deuten aber auf das Erwachen eines Nationalgefühls hin, das 1867 noch kaum zu spüren war. Bismarck konnte immerhin 1871 das für die Verbindung zwischen Ruhr und Lothringen wichtige Luxemburger Eisenbahnnetz der Kontrolle der Reichsbahnen unterstellen.

Als 1890 König-Großherzog Wilhelm III. starb, erhielt das Land auch eine eigene Dynastie. Während ihm in den Niederlanden seine Tochter Wilhelmine nachfolgte, sah der Familien-

pakt für diesen Fall in Luxemburg die Nachfolge seines Cousins
vor. So wurde der 1866 in Nassau entthronte Herzog Adolf
Großherzog von Luxemburg. Die dynastische Eigenständigkeit
sollte sich sehr schnell als Unabhängigkeitsgarantie erweisen,
auch wenn der Großherzog mangels eines geeigneten Schlosses
weiterhin im Ausland residierte. Er ließ dem von 1888 bis 1915
amtierenden liberalen Staatsminister Paul Eyschen weitgehend
freie Hand bei den Regierungsgeschäften.

14. Die industrielle Revolution

Die Luxemburger Wirtschaft vor der industriellen Revolution
Schon im 18. Jh. (S. 61) hatten sich in Luxemburg die Brüder
Boch niedergelassen und eine Steingutmanufaktur eröffnet,
während die Familie Pescatore Handel mit Kolonialwaren betrieb und in die Tabakindustrie, die Papierherstellung und die
Kupferproduktion investiert hatte. Beide Unternehmer nutzten
die Randlage Luxemburgs, um über die Grenzen des Herzogtums hinaus erfolgreich Geschäfte zu machen. 116 vornehmlich
in den Ardennen gelegene, mit Holzkohle und Wiesenerz, seltener mit Minette – dem aus kleinen Minen gewonnenen Sedi-
menterz – beschickte Hochöfen produzierten am Ende des Jh.s
etwa 14 000 Tonnen Gusseisen. Zahlreich waren auch die Ger-
bereien, die zum Teil aus Holland importierte Tierhäute verar-
beiteten: Im Département des Forêts waren es deren 120 und
unter niederländischer Herrschaft 167. Über 2000 Personen
waren 1842 in drei Handschuhfabriken beschäftigt; 1870 wurden dort 320 000 Paare produziert. Jean-Pierre-Bonaventure
Dutreux, Schwager von Jean-François Boch, gründete in französischer Zeit eine Tuchmanufaktur in der Hauptstadt. Jean-
Pierre Küborn eröffnete 1841 die erste mechanische Baumwoll-
weberei; sie machte Gewinn, bis der Sezessionskrieg (1861–
1865) die Einfuhr amerikanischer Baumwolle stoppte. Zu den
neuen, erfolgreichen Unternehmern des frühen 19. Jh.s gehör-

ten auch aus Frankreich zugewanderte Juden wie Jonas Lipp-
mann oder die Brüder Godchaux. Letztere setzten seit 1851,
Küborn seit 1857 die Dampfmaschine zur Energiegewinnung
ein. Die Papiermühle Lamort in Senningen, von vier Mühl-
rädern angetrieben, belieferte seit 1838 den deutschen Markt
mit Tapeten. Die Zahl der Bierbrauereien stieg von 24 im Jahr
1824 auf 32 im Jahr 1870, ihre Produktion von 100 000 (1874)
auf 350 000 Hektoliter (1913) aus nur noch 13 Betrieben. Die
Brüder Metz, Leitfiguren des progressiv-liberalen Lagers, die
1837 eine Schmiede in Berburg aufgekauft hatten, bauten 1845
einen Hochofen in Eich, in der Hoffnung, dass bald die Eisenbahn dort vorbeiführe. Diese kleinen und mittleren Unternehmen, die über das ganze Land verstreut waren, akkumulierten
Kapital und erwarben technisches Wissen: zwei wesentliche
Voraussetzungen, um wenige Jahrzehnte später den Sprung ins
Industriezeitalter zu schaffen.

Die Erschließung eines Auslandsmarkts Selbst für diese kleinen
Betriebe reichte der Luxemburger Absatzmarkt nicht aus. Sie
strebten nach einer Mitgliedschaft im Deutschen Zollverein.
Die politischen Bedingungen, die Preußen dem Beitrittskandi-
daten aufzwang, führten zwar zu einer Verzögerung des Ver-
tragsabschlusses (1842), doch am wirtschaftlichen Nutzen des
Beitritts besteht kein Zweifel. Der Vertrag wurde immer wieder
erneuert, 1902 schließlich bis 1959 verlängert. Die Zolleinnah-
men machten gegen Ende des 19. Jh.s 30 % des Staatsbudgets
aus. Ohne die Wirkung des Zollvereins einzubeziehen, ist die
rasche Umwandlung Luxemburgs aus einem rückständigen
Agrarland – selbst 1871 waren noch 60 % der aktiven Bevölkerung in der Landwirtschaft tätig – in einen Industriestaat
zu Beginn des 20. Jh.s nicht zu verstehen. Das notwendige
Kapital, die Ingenieure, das Fachwissen, der Absatzmarkt
waren deutsch.

Schon 1845 hatte die Luxemburger Regierung an den Bau
eines Eisenbahnnetzes gedacht, um den Anschluss ans belgische,
französische und deutsche Netz nicht zu verpassen. Wegen
mangelnder Geldmittel konnte jedoch erst 1857 mit französi-

schem Kapital eine Aktiengesellschaft, die Wilhelm-Luxemburg A.G., gebildet werden, die den Zugbetrieb der lothringischen Compagnie de l'Est übertrug. Gerade für die Ausbeutung der neu entdeckten Eisenerzvorkommen war die Bahn unentbehrlich: Sie allein konnte aus dem Ruhrgebiet, dem Saarland und dem belgischen Maasbecken die nötige Steinkohle und Koks heranschaffen. Auch der Export des Erzes und des Roheisens, das noch über Jahrzehnte in Stahlwerken des Saarlands und des Ruhrgebiets weiterverarbeitet wurde, war nur über den Schienenweg denkbar. Außerdem stellte die Luxemburger Bahn ein wichtiges Verbindungselement für den Zugverkehr zwischen Belgien, der Schweiz und Italien dar. Die Einweihung der ersten Strecken nach Thionville(-Metz-Straßburg) und Arlon(-Brüssel) erfolgte 1859. 1861 kamen die Strecke nach Wasserbillig(-Trier-Koblenz) und 1862/66 jene nach Norden hinzu. Ab 1864 baute die Prinz-Heinrich A.G. mit belgischem Kapital zusätzlich ein internes Netz. Zum Teil zahlte die Regierung mit Minenkonzessionen. Die Bevölkerung war sich der Bedeutung des Eisenbahnbaus vollauf bewusst und machte den zur Einweihung geschriebenen Marsch von Michel Lentz zur ersten Nationalhymne mit dem bezeichnenden Kehrvers: «Kommt ihr aus Frankreich, Belgien, Preußen, wir wollen euch unsere Heimat zeigen; fragt ihr nach allen Seiten hin, wie wir so zufrieden sind.» Bei den Manifestationen gegen die Annexionsdrohungen, die 1870/71 von Bismarck kamen, wurde die letzte Zeile in: «Mir wölle bleiwe wat mir sin» (Wir wollen bleiben was wir sind) umgedichtet. Auf dem Weg zum Zusammenwachsen der werdenden Nation und für das Erstarken eines Selbstbewusstseins im Verhältnis zu den Nachbarstaaten bildete die Schaffung der eigenen Eisenbahn einen Meilenstein.

Die Anfänge der Stahlindustrie   Noch um die Mitte des 19. Jh.s wurden neue Eisenhütten quer durchs Land an wichtigen Verkehrswegen errichtet. Sie wurden mit Wiesenerz, später auch mit importiertem Eisenerz aus Lothringen sowie mit Holzkohle betrieben. Die Öfen waren aber so gebaut, dass sie auf Koks umgerüstet werden konnten, sobald dieser zur Verfügung stand.

Diese Innovation, dank derer die Energiekosten der Hochöfen um 60% gesenkt werden konnten, ließ die Produktion von 14 300 t (1857) auf 261 000 t (1879) steigen.

In den 1870er Jahren kam eine ganze Reihe von Hochöfen hinzu, die nunmehr im Süden des Großherzogtums angesiedelt waren, nahe an den Vorkommen der Minette, da der Transport von Erz viel teurer war als der von Koks. Per Gesetz wurde 1870/74 der erzhaltige Grund zum Staatseigentum erklärt. Wer die Erzvorkommen ausbeuten wollte, musste daher eine staatliche Konzession erwerben. Mit einer daran gebundenen «Verhüttungsklausel» gelang es der Regierung dafür zu sorgen, dass etwa ein Drittel der Erze in Luxemburg verarbeitet wurde – mit allen positiven Folgen, die das für die Beschäftigungslage und das Steueraufkommen hatte. Da die Familienunternehmen nach dem Prinzip der Selbstfinanzierung geführt wurden und Bankkredite noch selten waren, fehlte das Kapital, um größere oder zusätzliche Hochöfen zu errichten, so dass weiterhin zwei Drittel des Erzes ins Ausland exportiert wurden.

Den wahren Aufschwung erlebte die Luxemburger Eisenindustrie seit 1880, nachdem Lothringen, das Saarland und Luxemburg zum selben Zollgebiet gehörten. 1879 hatte Emil Metz eine Lizenz für das 17 Tage zuvor patentierte Thomas-Verfahren erworben, das eine Entphosphorisierung des stark phosphorhaltigen Minette-Erzes ermöglichte, so dass fortan nicht nur Gusseisen, sondern auch der edlere Stahl produziert werden konnte. 1881 begann Jean-Norbert Metz im Verbund mit Victor Tesch, der Société générale de Belgique und der 1856 gegründeten Banque internationale de Luxembourg in Düdelingen mit dem Bau des ersten integrierten Stahlwerks, das sechs Hochöfen, ein Stahlwerk und zwei Walzwerke vereinte. Dadurch konnte das Eisen in flüssigem Zustand an Ort und Stelle weiterverarbeitet werden: eine enorme Energieersparnis. Die Konkurrenz baute 1896 unter der Leitung von Paul Gredt und Paul Würth in Differdingen das zweite integrierte Werk, in dem angesichts der steigenden Kohle- und Koks-Preise eine weitere Energieersparnis gelang: Die beiden Ingenieure entwickelten ein Verfahren, um die Hochofengase reinzuwaschen und als Energiequelle zu nutzen, die den gesamten Strombedarf des Werkes, insbesondere der Gebläse, deckte.

Obschon die beiden Erfinder auch mit dem sich selbst bei großer Länge nicht durchbiegenden Grey-Träger internationalen Erfolg hatten, waren sie bald ruiniert. Ihr Stahlwerk wurde 1901 von der Deutsch-Luxemburgischen Bergwerks- und Hütten-AG, die zur Stinnes-Gruppe gehörte, aufgekauft. Diese erwarb 1911 zusätzlich die Hochöfen in Rümelingen (Luxemburg) und in St. Ingbert (Saarland). Aus dem Verkauf der deutschen Hüttenwerke ging 1920 die HADIR (Hauts-Fourneaux et Aciéries de Differdange, St. Ingbert, Rumelange) hervor. Ein anderer deutscher Investor im Luxemburger Eisenerzbecken war der Aachener Hüttenaktienverein ‹Rothe Erde›, der seinerseits von der Gelsenkirchner Bergwerks-AG übernommen wurde, die in Esch-Belval ein neues Stahlwerk baute. Allein die Stahlwerke von Eich und Düdelingen, die der Familie Metz-Tesch gehörten und von Emil Mayrisch geleitet wurden, blieben in Luxemburger Hand, da Mayrisch 1911 die Fusion mit den Saarbrücker Stahlwerken in Burbach gelang: Daraus entstand 1911 die AR-BED (Aciéries réunies de Burbach, Eich, Dudelange), die ihrerseits 1913 den Eschweiler Bergwerksverein absorbierte und sich eine eigene Kohlebasis verschaffte. Am Vorabend des Ersten Weltkriegs war die Luxemburger Eisenindustrie (46 Hochöfen, 20 Konverter, 7 Stahlwerke; 2,5 Mio. t Eisen, 1,4 Mio. t Stahl, 7 Mio. t Erz) in der Hand von nur fünf Gruppen: ARBED, Deutsch-Luxemburger Bergwerks- und Hütten-AG, Gelsenkirchner Bergwerks-AG, Felten & Guillaume (Steinfort), Ougrée-Marihaye (Rodange). Letztere war die einzige belgische Kapitalgesellschaft.

Durch die deutsche Annexion von Elsass-Lothringen (1870) und dank Zollverein war im Gebiet Saarland-Lothringen-Luxemburg, dem Minette-Becken, das zweitgrößte Industrierevier des Deutschen Reiches nach dem Ruhrgebiet entstanden, dessen Eisenindustrie eng miteinander verzahnt war. Die Stahlbarone – nicht wenige familiär verflochten – kooperierten transnational, um gegenüber den Ruhrgiganten bessere Eisenbahntarife und Verkaufspreise für ihr Gusseisen zu erreichen. Selbst die Arbeiter wechselten problemlos von einem Betrieb in einen anderen, wenn sie dort bessere Arbeitsbedingungen und Löhne erhofften. So entstand neben der transnationalen Kapitalverflechtung, nach den Worten des Historikers Stefan Leiner, auch eine «migrative Vernetzung des industriellen Grenzraums», obschon es von 1870 bis 1918 zwischen Luxemburg, Lothringen und dem Saarland keine Wirtschaftsgrenzen gab.

Die Einführung des Thomas-Verfahrens hatte eine bedeutende Nebenwirkung für die Luxemburger Landwirtschaft: Die dabei anfallenden phosphorreichen Schlacken wurden gemahlen und einerseits als Zement verwendet, andererseits als Kunstdünger an die Bauern verkauft. 1898 machte die Regierung den Verkauf von mindestens 10 Tonnen Thomas-Mehl pro Hektar und Jahr zu einem Vorzugspreis zur zweiten Bedingung bei der Vergabe von Minenkonzessionen. Der landwirtschaftliche Ertrag stieg zwischen 1880 und 1914 um 60%, vor allem weil nunmehr auch die kargen Böden im Ösling eingesät werden konnten.

Wenn auch die Regierung dank Eisenbahnbau, Verhüttungsklausel oder Thomas-Mehl-Abgabepflicht starke wirtschaftspolitische Akzente setzte, so verfolgte sie doch eine im Prinzip sehr liberale Politik und tat nichts zur Rettung der kleineren Industrieunternehmen, die mit den im Stahlsektor bezahlten höheren Löhnen nicht mithalten konnten und nicht über das Kapital für Innovationen verfügten. Die Lederproduktion blieb dennoch bis nach dem Ersten Weltkrieg die zweitproduktivste Branche in Luxemburg. Dank der höheren Löhne stieg zugleich der allgemeine Lebensstandard, wovon auch der Einzelhandel profitierte.

In sozialer Hinsicht hatte der Arbeitskräftebedarf der Eisenindustrie zwei Folgen. Zum einen begann die Massenarbeitsmigration: Deutsche Ingenieure und Facharbeiter sowie italienische Minenarbeiter und Handlanger zogen in das Eisenerzbecken (vgl. S. 118). Hier herrschte aber große Wohnungsnot mit entsprechend hohen Mietpreisen für sanitär jedoch mangelhafte Wohnstätten. Die von etlichen Firmen gebauten Wohnungen, um qualifizierte Arbeiter stärker an den Betrieb zu binden, brachten nur allmählich und nur begrenzt Abhilfe. Zum anderen kam es zu einer deutlichen geistigen und politischen Diskrepanz zwischen dem weiterhin ländlich geprägten Norden und dem industriell aufstrebenden, immer dichter bevölkerten Süden des Landes. Das Bevölkerungswachstum im Kanton Esch führte zu einer Vermehrung der dortigen Abgeordnetenmandate, die von den Liberalen und frühen Sozialdemokraten errungen wurden, die bis 1915 die Regierung bildeten. Der in den sich entvölkernden ländlichen Gegenden verankerte katholische Block hatte vor seiner Umwandlung in eine «Rechtspartei» (1913) mit einem starken sozialen Flügel und der Einführung des allgemeinen Wahlrechts (1919) keine Chance auf Machtbeteiligung.

Während der Auswandererüberschuss zwischen 1840 und 1890 auf 70 000 oder – anders ausgedrückt – ein Auswanderer auf 143 Einwohner pro Jahr geschätzt wird, nahm zu Beginn des 20. Jh.s die Zahl der Auswanderer in die USA (Bauern), nach Frankreich (Handwerker, Dienstmägde), Belgien und ins Deutsche Reich ab. Der Glaube an ein Überleben des eigenen Staates konnte dank wirtschaftlichen Erfolgs sowie durch die Einführung des allgemeinen Wahlrechts gefestigt werden.

15. Erster Weltkrieg und Staatskrise
(1914 bis 1922)

Luxemburg zwischen drei Annexionsbestrebungen Obschon Luxemburg 1867 unter der Garantie von fünf Mächten für neutral und demilitarisiert erklärt worden war (S. 75), überfielen am 2. August 1914 deutsche Truppen das Land und besetzten es auf Dauer, da die Front nicht allzu weit entfernt verlief. Dieser Überfall entsprach der Kriegszieldenkschrift des Reichskanzlers von Bethmann-Hollweg, die vorsah, dass Luxemburg ein deutscher Bundesstaat werden und einen Streifen aus der belgischen Provinz Luxemburg und eventuell das Gebiet um Longwy erhalten sollte. Auf die Protestnoten der Luxemburger Regierung hin ließ er verlautbaren: «Unsere militärischen Maßnahmen in Luxemburg bedeuten keine feindselige Handlung gegen Luxemburg», sondern seien zum Schutz der Reichsbahnen vor einem französischen Überfall gedacht. Die Antwort konnte zwar nicht überzeugen, doch die Regierung Eyschen war darauf bedacht, konsequent mit einer sehr passiven Haltung eine strikte Neutralität einzuhalten. Sie ordnete daher keinen militärischen Widerstand an und akzeptierte die von Deutschland angebotene Entschädigung. Im Einklang mit deutschen Interessen erreichte sie die baldige Wiederaufnahme der Stahlproduktion: 1913 waren 70% der Exporte (unter anderem auch kriegswichtige Güter wie Kanonenrohre) in das Gebiet des Deutschen Zollvereins gegangen, aus dem 90% der Importe kamen. Auf deutschen Wunsch verfügte die Regierung die Ausweisung der französischen, britischen und belgischen Botschafter und empfahl der Großherzogin Marie-Adelheid, Kaiser Wilhelm II. zu empfangen, der das Hauptquartier der deutschen Truppen in Luxemburg besuchte. Je länger der Krieg dauerte, desto stärker wuchs der Unmut der Bevölkerung über die deutsche Besetzung.

Auch in Frankreich forderten nationalistische Kreise um Maurice Barrès die Annexion Luxemburgs, und der Kriegsrat hatte 1912 sogar einen Präventivschlag auf Luxemburger Gebiet genehmigt (nicht aber eine Verletzung der belgischen Neutralität). Die luxemburgische Bourgeoisie war eher frankophil eingestellt, und etwa 2000 Luxemburger – vor allem solche, die bei Kriegsausbruch in Frankreich arbeiteten – meldeten sich freiwillig in die französische Armee. Die französische Regierung nahm eine abwartende Haltung ein, um Luxemburg als Druckmittel bei Verhandlungen über eine Militärallianz mit Belgien zu nutzen.

Für die belgische Exilregierung war die Wiedervereinigung mit Luxemburg offizielles Kriegsziel. In einer geheimen Note an die belgische Regierung verzichtete Frankreich 1917 auf Luxemburg. Nichtsdestoweniger war der Oberbefehlshaber der Alliierten, der französische Marschall Foch, im November 1918 beim Einmarsch in Luxemburg nicht bereit, belgische Truppen an der Besetzung zu beteiligen.

Dass die Unabhängigkeit derart bedroht war, war der Luxemburger Regierung weitgehend unbekannt, da sie wegen der Kriegszensur über keine ausländischen Presseerzeugnisse verfügte, ihr diplomatischer Dienst völlig unterentwickelt war und Reisen jenseits der Front fast unmöglich waren. Daher konnte sie auch keine diplomatische Gegenoffensive starten.

Politische Krisen (1916 bis 1919)   Trotz deutscher Militärpräsenz ging das politische Leben weiter. Als Paul Eyschen 1915 nach 27 Jahren als Staatsminister starb, brach der antiklerikale Block von Liberalen und Sozialisten auseinander. Der Großherzogin, die sich schon 1912 bei der Linken unbeliebt gemacht hatte, da sie wochenlang die Promulgation des neuen Schulgesetzes verweigerte, das die Kontrolle der Grundschule durch den Klerus einschränken sollte, gelang es nicht, eine parlamentarische Mehrheit für die von ihr favorisierte Rechtsregierung zu finden. Auch die vorzeitige Auflösung der Abgeordnetenkammer und die daraufhin verfügten Neuwahlen brachten der Rechtspartei keine absolute Mehrheit. Es kam zur Bildung einer Regierung der nationalen Einheit, um die schwerwiegenden Versorgungsprobleme zu lösen. Preisdekrete, Lebensmittelkarten sowie Teuerungszulagen konnten weder die Entstehung eines Schwarzmarkts noch die (späte) Bildung von Arbeitergewerkschaften und den Ausbruch eines Generalstreiks (S. 89) verhindern.

Wie in deutschen Städten versuchten Arbeiter- und Bauernräte im November 1918 auch in Luxemburg und Esch, die Revolution auszurufen. Zu ihren Forderungen gehörten wie in Deutschland die Einführung der Republik, das allgemeine Wahlrecht, die Verstaatlichung von Banken, Eisenindustrie und Eisenbahnen sowie der Achtstundentag. Da die parlamentarische Linke diese Forderungen aufnahm, war die Regierung Emil Reuter (Rechtspartei) zu Zugeständnissen gezwungen. Mit 21 Stimmen dagegen, 19 dafür und drei Enthaltungen wurde am 13. November 1918 die sofortige Abschaffung der Monarchie abgelehnt. Dafür versprach Reuter die Organisation eines Referendums über die zukünftige Staatsform. Eine Verfassungsrevision war ohnehin in Arbeit, und im Mai 1919 führten die Abgeordneten mehrheitlich das Prinzip der Volkssouveränität sowie das Verhältniswahlrecht ein. Hinter dieser frühen Einführung des allgemeinen Wahlrechts standen parteipolitische Interessen: Die Sozialisten erwarteten Unterstützung von den Arbeitern, die Konservativen von den Frauen. Außerdem wurden der Achtstundentag sowie die Wahl von Arbeiterdeputationen in den Betrieben eingeführt.

Als Emil Reuter am 23. Dezember 1918 in Paris Kontakt mit der französischen Regierung aufnehmen wollte, wurde er auf belgischen Druck hin schroff abgewiesen: Der Außenminister rede nicht mit einem Vertreter der (deutschfreundlichen) Großherzogin. Dieser Affront war Wasser auf die Mühlen der republikanischen Kreise. Demonstrationen wurden mit Hilfe des französischen Militärs unterbunden, da auch die Soldaten der Luxemburger Freiwilligenarmee meuterten. Am 9. Januar 1919 musste Großherzogin Marie-Adelheid abdanken und ihrer Schwester Charlotte den Thron überlassen. Belgien, das auf ein Ende der Monarchie gehofft hatte, da dies die Annexion Luxemburgs erleichtert hätte, war enttäuscht und erwirkte bei der Friedenskonferenz in Versailles eine Aufschiebung des Referendums bis zu einem Zeitpunkt nach Abschluss der Verträge. Die Volksabstimmung fand am 28. September 1919 statt. 78 % der Bevölkerung stimmten für Großherzogin Charlotte, 20 % für eine Republik. Damit hatte eine – wohl dank des Frauenwahlrechts – große Mehrheit der Bevölkerung für die Unabhängigkeit des Landes votiert, denn eine – im industrialisierten Süden favorisierte – Republik hätte sicher einfacher von einem Nachbarstaat annektiert werden können. Die annexionistische Propaganda Belgiens war zu plump gewesen, um größere Kreise zu überzeugen. Seit 1919 hat Luxemburg eine Monarchie von Volkes Gnaden. Seither zweifelt keine Luxemburger Partei mehr an der Lebensfähigkeit des Kleinstaates.

Der wirtschaftliche Anschluss an Belgien Der Ausgang des Krieges zwang die Luxemburger Regierung, den Zollverein zu kündigen, dessen einziges Mitglied sie neben dem Deutschen Reich noch war. Nach der Lösung der Dynastiekrise wurde die Suche nach einem anderen Wirtschaftspartner zur Priorität. Schon am 2. Januar 1919 hatte eine Expertenkommission aus allen Wirtschaftssektoren einstimmig ein Handelsabkommen mit Frankreich empfohlen. Nur die Winzer hatten sich enthalten, weil sie gegenüber der französischen Konkurrenz keine Zukunftschancen für sich sahen.

Die französische Stahlindustrie aber empfahl ihrer Regierung die Ablehnung, und Belgien erinnerte diese an ihre Erklärung von 1917, der zufolge Frankreich kein Interesse an Luxemburg habe. Luxemburg bot beiden Nachbarstaaten Verhandlungen an. Frankreichs Antwort war ausweichend, Belgien lehnte Parallelverhandlungen ab. So beschloss die Regierung, auch diese Frage per Referendum entscheiden zu lassen, um Frankreich möglicherweise doch noch an den Verhandlungstisch zu zwingen. Dabei entschieden sich 73% der Wähler für eine Wirtschaftsunion mit Frankreich, 27% für Belgien. Trotzdem lehnte Frankreich, das einen geheimen Verteidigungspakt mit Belgien schloss und den Betrieb der Luxemburger Eisenbahnen pachtete, nunmehr offiziell das Angebot ab. Die schwierigen Verhandlungen mit Belgien, in die Luxemburg seine Erfahrungen aus dem Deutschen Zollverein erfolgreich einbringen konnte, führten am 25. Juli 1921 zum Abschluss einer belgisch-luxemburgischen Wirtschaftsunion (UEBL), die Zoll- und Währungsunion in einem war. Sie besteht bis heute. Einmal mehr hatte das Ausland für Luxemburg entschieden, diesmal mit dem Ergebnis eines langfristigen wirtschaftlichen Erfolgs.

Die deutsche Besetzung Luxemburgs während des Ersten Weltkriegs und die anschließende wirtschaftliche Abkoppelung hatten auch kulturelle Folgen: Die luxemburgische Sprache wurde verstärkt als von der deutschen (häufig als «preußisch» apostrophierten) verschieden aufgefasst. Um die Einbürgerung von deutschen Einwanderern zu verhindern, gab es nach 1918 überhaupt keine Einbürgerungen mehr. Es entwickelte sich ein ethnisch-essenzialistisches Konzept der nationalen Identität, die nunmehr auch den Zugang zu den Wahlurnen bestimmte. Ähnlichkeiten mit dem damals in ganz Europa kursierenden rassistischen Verständnis von Nation kann man diesem Konzept, obwohl es im ideologischen Abwehrkampf gegen eine Luxemburg vereinnahmende deutsche Volkstumspolitik entwickelt wurde, nicht absprechen.

16. Die Anfänge von Arbeiterbewegung und Sozialgesetzgebung

Deutsche Vorbilder für Gewerkschaften, Sozialversicherungen und Arbeitgeber Eine Arbeiterbewegung entstand in Luxemburg spät. Es fehlte an einheimischen Arbeiterführern, da in der Eisenindustrie die am schlechtesten bezahlten Stellen hauptsächlich mit Italienern besetzt waren, die niedrige Löhne akzeptierten, und die besser bezahlten Positionen in deutscher Hand waren. Die 1903 hauptsächlich von deutschen Facharbeitern gegründete Gewerkschaft trat 1904 dem Deutschen Metallarbeiterverband bei. Die radikalsozialistische Bewegung um die Zeitung «Der arme Teufel» fand kaum Unterstützung, weil in der Luxemburger Arbeiterschaft die antipreußische Stimmung aus Festungszeiten nachwirkte, die Sozialdemokraten der gewerkschaftlichen Bühne die politische vorzogen und zusammen mit den Liberalen eine antiklerikale Linksblockregierung bildeten. Aus Angst vor sozialistischer Unterwanderung verwies die Regierung deutsche Gewerkschafter, die zu Ausbildungszwecken nach Luxemburg einreisten, des Landes. Entsprechend zögerten die ausländischen Arbeiter aus Angst vor einer Ausweisung, sich politisch oder gewerkschaftlich zu betätigen.

Einzelne Arbeitgeber hatten in ihren Betrieben schon im 19. Jh. Wohlfahrtskassen geschaffen. 1848 entstand ein katholischer Arbeiterverein. 1864 wurde der Luxemburger Buchdruckerverein gegründet, der 1871 im sehr vielfältigen Luxemburger Pressewesen den ersten Kollektivvertrag durchsetzen konnte. Die deutschen Hüttenherren weigerten sich, mit Gewerkschaften zu verhandeln, deren Gründung gesetzlich verboten war. Zwar kam es zwischen 1904 und 1912 zu einer ganzen Reihe lokaler Streiks, vor allem von italienischen Immigranten, doch keine dieser Aktionen führte zu einer Massenbewegung.

Das Misstrauen gegenüber Fremden war stärker als eine gemeinsame Solidarität im Kampf gegen die Arbeitgeber.

Nachdem 1892 der Wahlzensus herabgesetzt worden war, wurden im industriellen Süden zwei Mitglieder der Arbeiterpartei ins Parlament gewählt. Ihre Interventionen zugunsten von Sozialversicherungen und Arbeiterwohnungen wurden von Staatsminister Paul Eyschen mit der Bemerkung beantwortet, Luxemburg sei ein Agrarland, kein Industriestaat, was zwar demographisch gesehen seit 1900 nicht mehr ganz zutraf, angesichts des Mehrheitswahlsystems aber politisch zweifellos stimmte.

1876 verbot das Gesetz generell die Kinderarbeit unter 12 Jahren, zudem Minenarbeit für Kinder und Jugendliche unter 16 Jahren und für Frauen; 1877 wurde die tägliche Arbeitszeit für Kinder begrenzt. 1892 wurden drei gesetzliche Feiertage eingeführt. Ein Recht auf Urlaub gibt es seit 1926. Doch 1879 wurde nach belgischem Vorbild jeder Angriff auf die Unternehmensfreiheit als Straftat ins Strafgesetzbuch aufgenommen. Andererseits initiierte Paul Eyschen nach Bismarcks Vorbild die Einführung von Sozialversicherungen. Grund war auch in diesem Fall der Zollverein, weil die in Luxemburg investierenden Kapitalgeber dieselben Soziallasten zahlen sollten wie die deutschen, damit keine unlautere Konkurrenz entstehe. So führte Luxemburg 1901 eine Krankenversicherung ein, 1902 eine Unfallversicherung, 1911 eine Alters- und Invalidenversicherung, jedoch stets nur für Arbeiter und Angestellte (15% der Bevölkerung). Die Agrarlobby hatte die Einbeziehung des Bauernstands in die Pflichtversicherungen verhindert. Im Unterschied zu Deutschland hatte Eyschen auch die gemeinsame Verwaltung der Kassen durch Arbeitgeber- und Arbeitnehmervertreter durchgesetzt, «um den Klassenkampf zu verhindern». Die Sozialversicherung wurde erst 1951 auf die Staatsbeamten und 1957 auf die Freiberufler ausgedehnt.

Dennoch kam es während des Ersten Weltkriegs zum ersten Massenstreik, weniger um bessere Löhne und Arbeitsbedingungen durchzusetzen, sondern um gegen die durch Versorgungsengpässe bedingten Preissteigerungen zu protestieren. Für diese

wurde nicht der kriegsbedingte deutsche Lieferstopp verant-
wortlich gemacht, sondern die im Amt gebliebene Regierung.
Während die für die deutsche Waffenindustrie arbeitenden
Stahlwerke Lohnerhöhungen gewährten und Volksküchen organisierten, litten die öffentlichen Bediensteten unter den Ratio-
nierungsmaßnahmen und der Nichteinhaltung der Preisma-
xima. Anfang September 1916 kam es zu Massenveranstaltungen
und zur Gründung der ersten Gewerkschaften, und zwar des
neutralen Berg- und Hüttenarbeiterverbands in Esch und des
sozialistischen Metallarbeiterverbands in Luxemburg. Sie organisierten am 30. Mai 1917 den ersten Massenstreik aus
Protest gegen den Verfall der Kaufkraft und mit dem Ziel einer
Anerkennung der Gewerkschaften. Trotz Unterstützung in
Presse und öffentlicher Meinung musste der Streik am 6. Juni
erfolglos abgebrochen werden. Die deutschen Arbeitgeber
waren zu keinen Verhandlungen bereit und ließen deutsche
Streikbrecher ins Land kommen. Die deutsche Armeeführung
verhängte eine Pressezensur und löste die Demonstrationen
gewaltsam auf, während die luxemburgische Regierung auf ihre
«Neutralität» verwies. Letztlich führte der Streik zum Bruch
des regierenden Linksblocks aus Liberalen und Sozialisten.

Die Wirtschaftskrise von 1920/21   Als Luxemburg Ende 1918
aus dem Zollverein austrat und Lothringen wieder französisch
wurde, geriet die Stahlindustrie in eine Absatzkrise, der sie mit
Lohnkürzungen und Entlassungen begegnete. Auch wenn die
Regierung im Dezember 1918 den Achtstundentag einführte,
blieben Demonstrationen und Aktionen auf Marktplätzen gegen übersteuerte Preise nicht aus. Zwischen März 1919 und Januar 1921 zählt Denis Scuto 29 lokale Arbeitsniederlegungen.
Am 13. August 1919 belagerten Escher Arbeiter die Abgeordnetenkammer und mussten von französischen Soldaten auseinan-
dergetrieben werden. Erfolglos verlangten die Gewerkschaften,
dass der Gesetzgeber beim Zwangsverkauf der deutschen Eisenhütten an französische und belgische Kapitalisten soziale Min-
deststandards vorschreiben solle.
Die Unruhen führten zu einer Radikalisierung in der Gewerk-

schaftsszene und zu einer Neustrukturierung der linken Partei-
enlandschaft. Die beiden Stahlarbeitergewerkschaften schlossen
sich zum Berg- und Metallindustriearbeiterverband zusammen,
der der Internationale der freien Gewerkschaften in Amsterdam
beitrat. Seine Führer waren aktive Mitglieder der sozialistischen
Arbeiterpartei. Am 2. Januar 1921 spaltete sich die Kommunistische Partei (KPL) von der (sozialdemokratischen) Arbeiterpartei ab, die der Dritten Internationalen (Moskau) nicht beitreten
wollte, und stellte eine eigene Gewerkschaftsorganisation auf
die Beine. Andererseits wurde am 23. Januar 1921 auch eine
moderatere christliche Gewerkschaft (LCGB) gegründet. Seither ist die Luxemburger Gewerkschaftsszene ideologisch gespalten.

Infolge der Nachkriegsrezession spitzten sich die Unruhen
Anfang 1921 stark zu. Zuerst kam es im HADIR-Werk Differdingen zu einem Streik mit Werksbesetzung, der sich bald auf
andere Hüttenwerke ausdehnte und um die Mitbestimmung
durch Arbeiterräte geführt wurde. Eine Aussperrung der Arbeitnehmer sowie das Eingreifen Luxemburger Gendarmen und
der französischen Armee, vor allem aber die schlechte Konjunk-
tur, die Nichtsolidarisierung von LCGB und Eisenbahnerge-
werkschaften, der Boykott der Presse und die «Neutralität» der
Regierung ließen den Streik scheitern. Die Gewerkschaften er-
litten herbe Mitgliederverluste. Die KPL verschwand de facto
von der Bildfläche. Seither geben die Luxemburger Gewerkschaften Reformweg und Sozialdialog den Vorzug vor Klassenkampf und Revolutionsparolen. 1924 rief die Regierung Berufskammern mit gewählten Vertretern der Arbeiter, der Angestellten, der Händler und der Handwerker ins Leben, welche die
Interessen der Sozialpartner bei Gesetzesvorhaben zum Ausdruck bringen sollen. 1925 führte sie in den Betrieben wieder
Arbeitnehmerdelegationen ein, die 1921 auf Druck der französischen und belgischen Regierung abgeschafft worden waren.
Der 1922 wieder einsetzende Wirtschaftsaufschwung – bald
durch die Gründung der UEBL und durch die von Emil
Mayrisch eingeleitete Restrukturierung hin zu mehr Fertigpro-
dukten verstärkt – trug das Seine dazu bei, dass wieder Vollbe-

schäftigung Einzug hielt. Davon profitierten nicht zuletzt auch italienische Antifaschisten, die in jenen Jahren vermehrt nach Luxemburg flüchteten. Die internationale Zusammenarbeit wurde von Mayrisch auch durch die Kartellbildung mit deutschen und französischen Stahlbaronen (1926) und durch die von seiner Frau Aline de Saint-Hubert auf Schloss Colpach organisierten Schriftsteller- und Künstlertreffen gefördert.

Die Weltwirtschaftskrise von 1929 und ihre politischen Folgen
Wie im Rest der Welt führte die Wirtschaftskrise auch in Luxemburg zu erheblichen Produktionssenkungen. Der Wirtschaftsmonolithismus der Stahlindustrie hatte schlimmste Auswirkungen. Indem der Ausländeranteil in der Stahlbelegschaft von 30% (1929) auf 10% (1935) gesenkt wurde, die entlassenen Arbeiter keine Arbeitslosenentschädigung erhielten und zum größten Teil in ihre Heimatländer zurückkehrten, so dass sie auch den Fürsorgeämtern nicht zur Last fielen, blieben die sozialen und budgetären Folgen der Krise für die Luxemburger weniger dramatisch als im nahen Ausland.

Als Gegenmaßnahmen forderte die Arbeiterpartei sozialverträgliche Mindestlöhne, Arbeitszeitverkürzungen, eine Arbeitslosenversicherung und ein öffentliches Investitionsprogramm. Die von Joseph Bech (Rechtspartei) geführte Regierung verweigerte jede Staatsintervention in Wirtschaftsfragen. In der Hoffnung, eine Radikalisierung der Arbeiterschaft zu unterbinden, bereitete sie hingegen das Verbot der KPL vor, die wieder auf einige Hundert Mitglieder angewachsen war. Als 1934 im Südbezirk ein Kommunist zum Abgeordneten gewählt wurde, kassierte die Regierung das Mandat und übertrug es der Arbeiterpartei. Zwei kommunistische Lehrer wurden ebenfalls entlassen. Im selben Jahr verweigerte der Innenminister die Anerkennung des Escher Bürgermeisters und Schöffenrats (alle Arbeiterpartei), da sie von der Zustimmung eines kommunistischen Gemeinderatmitglieds abhängig waren. Zur selben Zeit schreckte das «Luxemburger Wort» nicht vor antijüdischen Leitartikeln zurück, und die Regierung sperrte die Grenze für jüdische Flüchtlinge aus Nazi-Deutschland.

Da die Arbeitgeber sich weiterhin weigerten, mit den Gewerkschaften zu verhandeln, ergriffen die für die Rechtspartei bzw. die Arbeiterpartei im Parlament sitzenden Gewerkschaftsführer Jean-Baptiste Rock (LCGB) und Pierre Krier (BMIAV) die Initiative, einen Gesetzesvorschlag einzubringen, der kollektive Arbeitsverträge vorsah und die Gewerkschaften implizit als Verhandlungspartner anerkannte. Doch erst eine Massendemonstration am 12. Januar 1936 brachte die Regierung Bech zum Einlenken. Arbeitsminister Pierre Dupong setzte einen «Conseil national du Travail» ein, Vorläufer der *Tripartite*-Gespräche von nach 1975 zwischen Arbeitgeberverbänden, Gewerkschaften und Regierung. Das Gewerkschaftsverbot wurde aus dem Strafgesetzbuch gestrichen. Bis 1939 wurden rund 60 Kollektivverträge unterzeichnet.

Im Herbst 1936 warnte das immer stärker zum autoritären Ständestaat tendierende «Luxemburger Wort» erneut vor den Gefahren des Bolschewismus, und Bech legte in der Kammer sein Gesetzesprojekt «zum Schutz der sozialen und politischen Ordnung», also zum Verbot der KPL (nicht aber der NSDAP) vor. Eine breite «Liga zur Verteidigung der Demokratie» mobilisierte gegen dieses sogenannte Maulkorbgesetz, das einen schweren Eingriff in die demokratischen Rechte darstellte. Die freien Gewerkschaften konnten dem Staatsminister die Durchführung einer Volksabstimmung abringen. Während das Gesetz im Parlament mit 34 zu 19 Stimmen bei einer Enthaltung angenommen worden war, wurde es beim Referendum vom 6. Juni 1937 mit 50,7% abgelehnt. Bech trat als Staatsminister zurück. Pierre Dupong vom sozialen Flügel der Rechtspartei bildete eine neue Regierung: die erste «große Koalition» mit Beteiligung der Arbeiterpartei. Der Gewerkschaftler Pierre Krier wurde Arbeitsminister, und der sozialistische Justizminister René Blum gewährte jüdischen Flüchtlingen wieder das Asylrecht.

Die Einführung des allgemeinen Wahlrechts 1919 und die Sozialgesetzgebung der 30er Jahre, die dem Druck der Gewerkschaften zu verdanken war, führten zweifellos zu einer Integration der Arbeiterschichten in den hundertjährigen Staat. War dieser immer noch in seiner Existenz bedroht, so zeigte sich in diesen Jahrzehnten, dass die Gefahr nicht nur von außen kam, sondern auch innere Spannungen wie das Auseinanderdriften von politischer Klasse und öffentlicher Meinung bedrohliche Ausmaße annehmen und den Vorwand für das Eingreifen ausländischer Mächte liefern konnten.

17. Der Zweite Weltkrieg

Im Gegensatz zu 1914 war die Luxemburger Regierung 1940 auf den Angriff der deutschen Wehrmacht vorbereitet, auch wenn es ihr nicht gelungen war, für den Fall eines deutsch-französischen Krieges einen die Neutralität des Landes respektierenden Schutzvertrag abzuschließen. Zwecks moralischer Aufrüstung hatte sie 1939 die Erinnerung an den Londoner Vertrag von 1839 zu grandiosen Unabhängigkeitsfeiern gestaltet, deren Sinn auch jenseits der Grenzen verstanden wurde.

Überfall und Eindeutschungsmaßnahmen Die eher symbolischen Sperrmaßnahmen an der Grenze wurden in der Nacht zum 10. Mai 1940 problemlos von den deutschen Armeefahrzeugen überwunden. Deutsche Fallschirmspringer landeten nahe der französischen Grenze, doch die Reaktion Frankreichs ließ auf sich warten. Noch in der Nacht gingen die großherzogliche Familie sowie vier Minister nach Frankreich ins Exil. Nach dem deutsch-französischen Waffenstillstand führte der Weg nach Portugal. Die Bevölkerung des Minettebeckens, die zwischen die Fronten geriet, wurde zur Hälfte nach Frankreich und zur Hälfte ins Landeszentrum evakuiert.

Die Flucht der Regierung überraschte sowohl die Staatsverwaltung als auch die Abgeordnetenkammer. Richtlinien hatte die Regierung keine hinterlassen. Eine Verwaltungskommission aus hohen Beamten übernahm mit Zustimmung des Parlaments die Exekutivgewalt. Sie versuchte eine Einigung mit der Wehrmachtsführung zu finden und die Großherzogin zurück ins Land zu holen. Am 29. August 1940 begab sich diese zusammen mit Außenminister Bech nach London: Luxemburg gehörte nunmehr für alle erkennbar zu den Alliierten. Über BBC wand sich die Landesfürstin an die in der Heimat zurückgebliebenen Luxemburger. Am 4. Oktober flog sie als erstes Staatsoberhaupt eines besetzten Landes in die noch neutralen USA, was wesentlich zur internationalen Anerkennung des Landes beitrug. Die Regierung ließ sich in London und Ottawa nieder.

Am 2. August 1940 ernannte Hitler Gustav Simon, den Gauleiter von Trier-Koblenz, zum Chef der Zivilverwaltung (CdZ) im besetzten Luxemburg und löste die Militärverwaltung auf. In seiner ersten Rede verkündete Simon: «Das Land Luxemburg ist altes deutsches Siedlungsgebiet. Die Bevölkerung ist deutschstämmig, moselfränkisch», und schrieb den Gebrauch der deutschen Sprache in allen Amts- und Lebensbereichen vor. Das Hören feindlicher Radiosender wurde verboten. Im Januar 1941 verordnete Simon die Eindeutschung aller Namen. Französische und luxemburgische Bücher wurden aus Buchhandlungen und Bibliotheken verbannt. Alle Vereine wurden durch einen Stillhaltekommissar gleichgeschaltet. Ähnliche «Eindeutschungsmaßnahmen» hat es nur noch im Elsass und in Lothringen gegeben.

Die von deutschen Emissären wie dem Westforscher Josef Schmitthüsen ab Mai 1940 vorbereitete und von Luxemburgern geleitete «Volksdeutsche Bewegung» (VdB) suchte nicht die Kollaboration, sondern behauptete: «Der Luxemburger fühlt deutsch. Er ist Deutscher nach seiner ganzen Wesensart, nach Geschichte, nach Abstammung, Sprache und dem Raum, in den er hineingeboren ist. Auch seine lebenswichtigen Interessen weisen nach Deutschland. Darum wird und muss er den Weg nach dem Reich aller Deutschen gehen.» Ihre Devise lautete folgerichtig: «Heim ins Reich!» Nach seiner Ernennung übernahm der CdZ die Kontrolle über die VdB, um sozusagen die vorgesehene Annexion «demokratisch» zu legitimieren, während die SS auf einseitige Entscheidungen drängte. Mit unklaren Drohungen gegen Personen, die der VdB nicht beitreten wollten, erreichte der CdZ, dass ihre Mitgliederzahl bis Mai 1942

Simon auf diese Weise den Bestand der luxemburgischen Wirtschaft (sicherte)».

Religionspolitisch betrachtete Hitler Luxemburg wie das Elsass und Lothringen als konkordatsfreien Raum und überließ es dem CdZ, das Verhältnis von Kirche und Staat neu zu gestalten. So wurde die staatliche Finanzierung der Kirchen durch eigene Beitragserhebungen erfolgreich ersetzt, der Kirchenaustritt erfolglos gefördert. Die zahlreichen katholischen Vereine, Orden und Kongregationen wurden aufgelöst, ihr Vermögen eingezogen, das Priesterseminar nach Trier verlegt, öffentliche religiöse Feiern verboten, katholische Schulen geschlossen, der Religionsunterricht abgeschafft, die Presse gleichgeschaltet. So weit hatte das NS-Regime selbst im Altreich die Kirche nicht aus dem öffentlichen Raum zurückzudrängen vermocht.

Zur Neugestaltung des Schulwesens nach reichsdeutschem Vorbild setzte Simon vergeblich auf die politische Umschulung der Lehrerschaft, doch mit einigem Erfolg auf die Einführung der «in der Ostmark besonders bewährten» Hauptschule zwecks Auslese von «Führerpersönlichkeiten». Um den Widerstand der Schüler(innen) an den Oberschulen zu brechen, wurde 1941 der Beitritt zur Hitlerjugend zur Voraussetzung für Versetzung und Zulassung zum Abitur. NS-Eliteschulen stellte der CdZ beschlagnahmte Gebäude zur Verfügung; sie wurden aber nicht von Luxemburgern besucht. Nichtsdestoweniger machte die relativ erfolgreiche Schulpolitik Gustav Simon zum ernsthaften Kandidaten bei der Nachfolge von Reichserziehungsminister Rust.

NS-Terror Anfang September 1940 wurden die Nürnberger Rassengesetze für den Bereich des CdZ in Kraft gesetzt. Betroffen waren etwa 1000 Luxemburger und 2900 Flüchtlinge aus Deutschland, Österreich, Polen, der Tschechoslowakei. Sehr bald schon kam es zu Aktionen gegen jüdische Geschäfte; jüdische Kinder wurden aus den Schulen ausgeschlossen, im Mai/Juni 1941 wurden die Synagogen von Luxemburg und Esch zerstört, im Juli das Tragen einer Armbinde, im Oktober das Tragen des Judensterns zur Pflicht gemacht. Das jüdische Vermögen wurde beschlagnahmt und zum Teil öffentlich versteigert. Ab August 1941 wurden jene 816 Juden, die noch nicht geflüchtet waren, im ehemaligen Kloster Fünfbrunnen zusammengepfercht. 677 von ihnen wurden in Vernichtungslager wie Auschwitz und Theresienstadt gebracht. Weitere 565 wurden in Frankreich und Belgien von den Nazis aufgegriffen. Von insgesamt 1289 verschleppten Juden überlebten 81. Im April 1943 wurde Luxemburg für «judenrein» erklärt. Bis Ende 1943 waren alle jüdischen Unternehmen in «arische» Hände überführt oder liquidiert worden.

Luxemburg war in den Jahrzehnten vor dem deutschen Überfall nie frei von judenfeindlichen Strömungen gewesen. Das könnte erklären, wieso etwa die Verwaltungskommission, aber auch etliche Bürgermeister und Schuldirektoren in die Mitverantwortung am nationalsozialistischen Völkermord verstrickt wurden, indem sie Listen jüdischer Einwohner und Schüler aufstellen ließen, oder wieso Luxemburger beschlagnahmtes jüdisches Eigentum und Beutekunst erwarben, ohne es in allen Fällen nach dem Krieg zurückzuerstatten.

212 Luxemburger Studenten an deutschen Universitäten wurden im November 1940 zum Zweck der Umerziehung auf die Burg Stahleck gebracht. Die 800 Soldaten der Freiwilligenkompanie wurden zur Umschulung nach Weimar verfrachtet, um in die Deutsche Schutzpolizei eingegliedert zu werden. Vom 22. Oktober 1940 bis zum 3. August 1944 wurden 875 Personen von einem Sondergericht wegen deutschfeindlicher Gesinnung und Widerstandsaktionen abgeurteilt, 14 davon zum Tode.

Am 30. August 1942 verkündete der CdZ die Einführung der Wehrpflicht. Von der Maßnahme waren 10 211 Männer der Jahrgänge 1920 bis 1926 betroffen. Am Tag des Dienstantritts sollte ihnen die deutsche Staatsangehörigkeit zuerkannt werden. Gegen diese de-facto-Annexion, die auch für Lothringen und Elsass galt, kam es in Luxemburg zu Streikaktionen (S. 100). Daraufhin verhängte der CdZ den Ausnahmezustand und setzte ein Standgericht ein, das 20 Todesurteile verkündete, die sofort vollstreckt wurden. 125 weitere Angeklagte wurden der

Gestapo überstellt und in Konzentrationslager gebracht. 300 streikende Schüler wurden der Hitlerjugend zur Umerziehung auf Burg Stahleck anvertraut. Die Familienangehörigen der 3510 Refraktäre – also jener Zwangsrekrutierten, die sich dem Wehrdienst durch Flucht oder Verstecken entzogen hatten – wurden nach Schlesien umgesiedelt, ihre Häuser beschlagnahmt und Volksdeutschen aus Südtirol sowie ausgebombten Reichsdeutschen zur Verfügung gestellt.

Widerstand und Anpassung War es schon Mitte August 1940 zu Raufereien zwischen Luxemburger Jugendlichen und VdB-Aktivisten gekommen, weil erstere allzu deutlich die Abzeichen der Unabhängigkeitsfeiern von 1939 zur Schau trugen (sogenannter *Spéngelskrich*), so führte der Abriss der *Gëlle Fra* – eines Denkmals für die in der französischen Armee gefallenen Luxemburger Freiwilligen des Ersten Weltkriegs – im Oktober 1940 zu einer antideutschen Kundgebung der Studenten des benachbarten Athenäums und zu 48 Verhaftungen und Verhören durch die Gestapo.

Der Luxemburger Widerstand organisierte sich erst allmählich und blieb bis zum Kriegsende in viele regional, sozial und ideologisch differenzierte Gruppierungen zersplittert. Neben den Kommunisten, die erst nach Hitlers Überfall auf die Sowjetunion aktiv wurden, gab es auch Gruppierungen, die in ihrem Programm für die Zeit nach Kriegsende antiparlamentarische, fremdenfeindliche und antisemitische Maßnahmen vorsahen. Während Gewaltaktionen gegen die Besatzer oder Sabotageakte selten waren und höchstens aus akuter Notwehr geschahen, war der moralische Widerstand sozialpsychologisch von großer Bedeutung. Er äußerte sich in Flugblättern, Plakaten, Graffiti und Untergrundzeitungen, bestand in der patriotischen Namensgebung für Neugeborene, rot-weiß-blauen Blumenarrangements, dem nächtlichen Hissen der Nationalflagge auf Kirchtürmen oder Fabrikschloten, dem Absingen religiöser Lieder mit patriotischem Einschlag usw. Von strategischer Bedeutung war das Vermitteln kriegswichtiger Informationen an die alliierten Geheimdienste (Informationen zu den V1- und V2-Raketen aus

Peenemünde und andere) und die Evakuierung abgeschossener Piloten.

Den Widerstandsgruppen gelang es, die vom CdZ geplante Personenstandsaufnahme vom 10. Oktober 1941 zum antideutschen Plebiszit umzufunktionieren. Auf die Fragen nach Staatsangehörigkeit, Muttersprache und Volkszugehörigkeit antwortete ein Großteil der Bevölkerung dreimal mit luxemburgisch, so dass das Scheitern der Germanisierungspolitik offenbar wurde. Der Gauleiter brach die Aktion frühzeitig ab und warnte die Reichsregierung vor einer vorschnellen Einführung der Wehrpflicht.

Da diese dann trotzdem eingeführt wurde (S. 98) und die Widerstandsgruppen davon Wind bekommen hatten, bereiteten sie für den Tag nach der Verkündigung einen Generalstreik vor. Am 31. August 1942 kam es ab 7 Uhr in etlichen Industriebetrieben, Schulen und Verwaltungen zu Arbeitsniederlegungen. Als um 18 Uhr Hans Adam, ein deutscher Arbeiter, auch im ARBED-Werk Schifflingen die Werksirene betätigte, um zum Streik aufzufordern, verlor der CdZ die Geduld und verhängte den Ausnahmezustand. Die daraufhin durchgeführten Terrormaßnahmen stärkten aber eher den Willen der Widerstandsbewegung, deren Aktion in der freien Welt Bewunderung hervorrief. Infolge des Streiks wurde die Wehrpflicht nicht wie im Elsass und in Lothringen auf ältere Jahrgänge ausgedehnt. In der Folge gehörte das Verstecken von rund 2500 Wehrdienstverweigerern zu den Hauptaktivitäten des Widerstands, was nicht ohne Mitwissen weiter Teile der Bevölkerung hätte erfolgen können. Gestapo- und SD-Ermittlungen, zum Teil mit Hilfe von eingeschleusten V-Männern durchgeführt, ermöglichten den Nazis Razzien, die zu Todesurteilen führten.

Während die Widerstandsaktionen nach dem Krieg schnell zum nationalen Mythos avancierten, blieb die Kollaboration von Luxemburgern mit deutschen Behörden lange Zeit ein Tabu in der Nachkriegsgesellschaft. Dass es aber neben Mitläufern und Käufern jüdischen Besitzes auch überzeugte Nazis und Denunzianten gab, kann nicht geleugnet werden. Und wenn auch einige Widerstandskämpfer aus Gründen der Tarnung eine

VdB-Mitgliedskarte gelöst hatten, so trug doch die VdB mit ihrer Spitzeltätigkeit und ihren «politischen Beurteilungen» eindeutig dazu bei, das Land unter NS-Kontrolle zu halten. Nach dem Misserfolg Gustav Simons bei der Personenstandsaufnahme und den ersten Razzien gegen die Widerstandsbewegungen kamen manchen VdB-Mitgliedern Zweifel, die sich mit der Einführung der Wehrpflicht und den ersten Niederlagen der Wehrmacht verstärkten. Immer mehr Mitglieder gaben ihre Karte zurück: Sie waren zur Kollaboration mit der deutschen Verwaltung bereit gewesen, nicht zur geforderten nationalen Selbstaufgabe. Sie kehrten zu einer abwartenden Haltung zurück, die wohl für die Mehrheit kennzeichnend war. Der Historiker Benoît Majerus plädiert zu Recht dafür, statt von einer schwarzweißen Sichtweise auszugehen, «ein mehrstufiges Raster an(zu) wenden, das (…) von Widerstand, Opposition und Dissens über Konsens und Kooperation bis hin zu Kollaboration reichen könnte». Vincent Artuso weist in seiner jüngst vorgelegten Dissertation darauf hin, dass «Kollaboration» der falsche Begriff sei, da die neuen Machthaber erwarteten, dass die Luxemburger sich zu ihrem angeblich angestammten Deutschtum und zur NS-Ideologie bekannten: Assimilation, nicht Kollaboration war ihr Ziel.

Das doppelte Kriegsende Vorbereitet von Bombardements durch alliierte Kampfflugzeuge, die nicht nur Eisenbahnanlagen und kriegswichtige Industrien, sondern auch Wohngebiete trafen, erreichte die 5. Panzerdivision der 1. US-Armee am 9. September 1944 die Luxemburger Grenze und zog am 10. September in die Hauptstadt ein. Drei Tage später waren 90 % des Territoriums befreit. Wegen Versorgungsengpässen und aus taktischen Gründen rückte die US-Armee nicht in die Grenztäler zu Deutschland vor.

Das Machtvakuum nutzte die im März 1944 als *Unioun* gegründete Vereinigung der größten Widerstandsgruppen, um Milizen aufzustellen, die Lynchjustiz verhindern sollten. Dieselbe *Unioun* beanspruchte bei der Rückkehr der Regierung aus dem Exil, an der Exekutivgewalt beteiligt zu werden. Politisches

Gezänk zwischen moralisch legitimierter *Unioun* und sich auf die Vorkriegswahlen berufender Regierung blieben nicht aus. Aber auch unter den Kriegsopfern kam es zum Streit zwischen Widerständlern und Zwangsrekrutierten.

Der politische Streit musste vorläufig auf Eis gelegt werden, als die deutsche Wehrmacht am 16. Dezember 1944 zur Rundstedt-Offensive ansetzte und den gesamten Norden des Landes ab Echternach erneut besetzte. War das Land bis dahin weitgehend von eigentlichen Kriegshandlungen und -schäden verschont geblieben, führten die erbitterten Kämpfe zwischen der 3. US-Armee unter General Patton und den Wehrmachtseinheiten Ende 1944 zu erheblichen Zerstörungen im Ösling. Erst am 22. Februar 1945 war das Territorium definitiv befreit. Am 14. April kehrte auch Großherzogin Charlotte aus dem Exil zurück. Am 8. Mai kapitulierte das NS-Regime bedingungslos. Es dauerte jedoch noch Monate, bis die überlebenden KZ-Häftlinge, die umgesiedelten Familien und alle Zwangsrekrutierten, die in sowjetische Gefangenschaft geraten waren, in die Heimat zurückgekehrt waren. Etliche blieben für immer verschollen.

Kriegsbilanz Menschliches Leid kann nicht in Statistiken erfasst werden. In nackten Zahlen sieht die Bilanz des Zweiten Weltkriegs für Luxemburg, das bei Kriegsausbruch 290 000 Einwohner zählte, folgendermaßen aus:

10 211 Zwangsrekrutierte, davon 2848 Tote oder Verschollene,
 3 510 Refraktäre,
 2048 durch Kampfhandlungen getötete Zivilisten,
 1289 in Vernichtungslager deportierte Juden, von denen
 1208 umgebracht wurden,
 3963 politische Gefangene, davon 791 Tote,
 4186 Umgesiedelte, davon 154 Tote,
  584 Freiwillige in alliierten Armeen, davon 57 Tote,
 3614 Frauen im Reichsarbeitsdienst,
  640 abgesetzte Beamte,
18 658 zerstörte Gebäude (in 250 von 589 Ortschaften, 1/3 aller Gebäude, 39 % der Bewohner betroffen).

In der vornehmlich von den Erfahrungen der Widerstandskämpfer geprägten nationalen Meistererzählung stellt das im
Zweiten Weltkrieg vom Luxemburger Volk dargebrachte Blut-
opfer den Abschluss seiner Identitätsbildung und Nationenwerdung dar. Nach diesem Krieg hat keine ausländische Regierung
mehr die Unabhängigkeit des Landes in Frage gestellt.

Hingegen kam es zu einer Reihe von politischen und historio-
graphischen Kontroversen: Die Haltung der Regierung wurde
von ihren Gegnern als Flucht, von ihren Anhängern als Exil
gedeutet, das notwendig war, um die Zukunft Luxemburgs an
der Seite der Alliierten nach dem Krieg sicherzustellen. Vorge-
worfen wurde ihr vor allem mangelnder Einsatz für die Widerständler, die nach Großbritannien hatten flüchten wollen, und
für die in russische Kriegsgefangenschaft geratenen Zwangsrekrutierten. Die vom Parlament bestätigte Verwaltungskommission wird heute als zweite Regierung angesehen, deren (erzwun-
gene oder freiwillige) Zusammenarbeit mit der Besatzungs-
macht auf Kosten der jüdischen Mitbürger zu hinterfragen ist.

Umstritten ist auch der Anfang der Widerstandsbewegung:
Während die einen ihr rein patriotische und nationale Beweggründe unterstellen, die erst mit dem Überfall vom 10. Mai
1940 hervortraten, postulieren andere ideologische und politische Gründe, die schon in den 30er Jahren im Kampf gegen
Nazi-Deutschland, gegen das Maulkorbgesetz und bei den Spa-
nienkämpfern zum Ausdruck kamen. Vernachlässigt wird die
religiöse Motivation, die bei vielen sicher eine Rolle gespielt
hat. Unterschlagen wird zudem häufig die Tatsache, dass auch
in Luxemburg wohnende Ausländer, wie der ARBED-Arbeiter
Hans Adam oder italienische Antifaschisten, am Widerstand
beteiligt waren. Während etwa 2500 Refraktäre sich im Land
hatten verstecken können, traf das nur für eine Handvoll Juden
zu. Eine differenzierende Diskursanalyse der einzelnen Widerstandsgruppen steht noch aus. Während etliche Widerständler
so taten, als sei das Luxemburger Volk «wie ein Mann» gegen
Hitler und die deutsche Besetzung aufgestanden, kann aus der
heutigen Distanz nicht mehr geleugnet werden, dass es auch
Kollaborateure, Duckmäuser und Denunzianten gab. Die

120 Ortsgruppenleiter der VdB entstammten zum größten Teil dem unteren und mittleren Bürgertum und hatten häufig verwandtschaftliche Beziehungen zu Deutschland; keine Frau war Ortsgruppenleiterin. Ungeklärt ist auch die Frage, in welchem Maß Luxemburger Zwangsrekrutierte in Kriegsverbrechen der Wehrmacht verstrickt waren. Die Rolle der Parteien, der Gewerkschaften, der Unternehmer während des Krieges ist noch kaum untersucht worden.

Im Rahmen der «politischen Säuberung» wurden von 5721 wegen Kollaborationsverdachts angeklagten Personen deren 2275 verurteilt; von zwölf Todesurteilen wurden acht vollstreckt. 1955 wurden alle politischen Gefangenen amnestiert: Während der Zeit des Kalten Krieges hatte die nationale Einheit – wie in vielen anderen Ländern – Vorrang vor der Vergangenheitsbewältigung.

18. Vom Wiederaufbau zum Wirtschaftswunder

Luxemburg auf der internationalen Bühne Während des Krieges hatte die Exilregierung Beziehungen zu den Westmächten aufgenommen, um nach dem Krieg bei der Neuordnung Europas mitwirken zu können.

Schon im Exil hatte die Regierung eine engere Zusammenarbeit mit Belgien und den Niederlanden gesucht. 1943 wurde die Benelux-Währungsunion unterzeichnet, 1944 die Benelux-Zollunion. Am 26. Juni 1945 war Außenminister Bech in San Francisco einer der 51 Erstunterzeichner der Charta der Vereinten Nationen. Im Juni 1944 beschloss die Regierung die Einführung der Wehrpflicht. 1948 wurde die Neutralität des Landes aus der Verfassung gestrichen. So konnte die Regierung dem Brüsseler Pakt und der NATO beitreten. Die überraschende Abschaffung der Wehrpflicht aus parlamentarischer Initiative im Jahr 1966 führte zwar zu einer Regierungskrise, nicht aber zu einem minderen Engagement in der NATO. Bei der Konferenz von Bretton

Woods (1944) zur Gründung des Weltwährungsfonds und der Weltbank war Luxemburg eigenständig vertreten, obschon für den Außenhandel die UEBL zuständig war. Alle diese Maßnahmen trugen wesentlich zur internationalen Anerkennung der Luxemburger Souveränität bei.

1949 beteiligte sich Luxemburg diskussionslos an der Gründung des Europarats. Auf die sofortige Zustimmung der Regierung zur Schuman-Erklärung vom 10. Mai 1951, der Geburtsurkunde des europäischen Einigungsprozesses, wird später noch einzugehen sein (S. 115).

Die neu geschaffene Armee beteiligte sich von 1945 bis 1955 unter französischem Kommando an der Besetzung Deutschlands (Bitburg, Saarburg), annexionistischen Gelüsten, wie sie von rechten Kreisen geäußert wurden, erteilte die Regierung aber eine Absage. Nur der Kammerwald gegenüber Vianden blieb bis 1959 ein symbolisches Pfand in Luxemburger Hand. Wegen der sich rasch verändernden internationalen Lage kam es nie zu einem Friedensvertrag mit Deutschland und folglich auch nicht zu Reparationszahlungen. Nichtsdestoweniger zahlte die Bundesregierung aufgrund eines Vertrags vom 11. Juli 1959 18 Millionen DM an Luxemburg als Wiedergutmachung für NS-Unrecht. Hinzu kamen rund 60 Millionen DM für die Rückerstattung luxemburgischen Eigentums und für die Versorgung von Kriegsopfern. Ausgeschlossen waren die Zwangsrekrutierten, die von der Bundesregierung nicht als Kriegsopfer anerkannt wurden: ein Streit, der zwei Jahrzehnte lang die Luxemburger politische Szene belastete. Erst 1985 sagte Bundeskanzler Helmut Kohl eine deutsche Beteiligung an einer *Stiftung Altenhilfe* zugunsten der Zwangsrekrutierten zu.

Die Wiederaufnahme des politischen Lebens und der Wiederaufbau   Da viele Abgeordnete noch nicht aus Umsiedlung oder Gefangenschaft zurückgekehrt waren, ergänzte die Regierung im Frühjahr 1945 das Rumpfparlament mit 30 von ihr ernannten Mitgliedern zu einer beratenden Versammlung, darunter sieben aus den Reihen der *Unioun*. Die Versammlung entwickelte sich zu einem Oppositionsorgan gegen die moralisch angeschlagene Regierung, die als einzige in Europa in personaler Kontinuität mit der Vorkriegszeit stand.

Im Juni 1945 entstand in den Kreisen des ehemaligen Widerstands ein «Groupement patriotique et démocratique» (GPD), das die Ideale des Widerstands auf der politischen Bühne weiter vertreten wollte. 1951 nannte sich die Bewegung in Demokratische Partei (DP) um. Die Rechtspartei übernahm 1945 die Bezeichnung «Christlich-Soziale Volkspartei» (CSV) und versuchte, eine Honoratiorenpartei in eine Volkspartei auf katholischer Basis zu verwandeln, während die Arbeiterpartei sich fortan «Luxemburger Sozialistische Arbeiterpartei» (LSAP) nannte und im Zuge ihrer Regierungsbeteiligungen an der Seite der CSV ihre antiklerikale Grundhaltung ablegte.

Bei den Legislativwahlen von Oktober 1945 verfehlte die CSV die absolute Mehrheit um einen Sitz. Wegen ihrer Stimmenverluste wollte die LSAP die Vorkriegskoalition nicht fortsetzen, und man einigte sich auf eine Allparteienregierung, Kommunisten eingeschlossen. Die Opposition fand nur noch außerhalb des Parlaments statt und machte die Regierung umso nervöser. Im Sommer 1946 ließ sie gar fünf angebliche Putschisten festnehmen. Nach dem Bruch der Regierung der nationalen Einheit (1947) regierte eine Koalition von CSV und GPD. Bis 1974 kam es im regelmäßigen Wechsel zu Koalitionen der CSV mit der liberalen oder der sozialdemokratischen Partei.

Dringendstes Problem war der materielle Wiederaufbau nach den massiven Zerstörungen der Ardennenschlacht von 1944/45. Vielen Bewohnern dauerten die Arbeiten zu lange, und es bedurfte des ganzen Charmes der Großherzogin, um die aufgebrachte Bevölkerung durch Besuche in allen Dörfern zu beruhigen. Grund für die Verzögerungen war, dass die Regierung zuerst eine genaue Schadensbestandsaufnahme vornehmen ließ, um Deutschland eine entsprechende Rechnung präsentieren zu können. Privatwohnungen standen dabei am Schluss der Prioritätenliste. Finanziert wurde der Wiederaufbau mit einer Sondersteuer und öffentlichen Anleihen, während Infrastrukturmaßnahmen (Bau von Staudämmen, Moselkanalisierung, Elektrifizierung der Eisenbahn, Ausbau des Flughafens usw.) mithilfe des Marshall-Plans verwirklicht wurden. Offiziell wurde der Wiederaufbau 1953 mit der Einweihung der neu aufgebauten Echternacher Basilika abgeschlossen.

Wegen Koksmangels erreichte die Stahlproduktion erst 1948 wieder Vorkriegsniveau. Um eine Sozialkrise zu verhindern, wurden die Arbeitslosen mit öffentlichen Arbeiten im Rahmen des Wiederaufbaus beschäftigt. Vor allem für die Landwirtschaft wollte die Regierung auch wieder auf italienische Migranten zurückgreifen, doch weil Justizminister Bodson unter dem Vorwand, Italien sei eine Feindmacht gewesen, unterschiedslos allen italienischen Besitz unter Rechtsverwaltung gestellt hatte, verweigerte die italienische Regierung Ausreisegenehmigungen. Erst 1947 rückte Bodson von dieser Position ab, so dass ein Jahr später ein erster Arbeitskräftevertrag mit Italien unterschrieben werden konnte.

Die Politik der wirtschaftlichen Diversifizierung Ziele der Wirtschaftspolitik waren seit 1949 eine Diversifizierung der wirtschaftlichen Grundlagen, um vom Stahlmonolithismus loszukommen, und eine stärkere Regionalisierung der Investitionen, um den Niedergang der Landwirtschaft in den einzelnen Landesteilen durch Schaffung neuer Arbeitsplätze aufzufangen. Schon 1949 gelang die Ansiedlung des US-Reifenproduzenten Goodyear. Seit 1962 sorgte ein Rahmengesetz für vorteilhafte Bedingungen für die Niederlassung neuer Industrien. Auch hiervon profitierten vornehmlich US-Unternehmen. Bis 1970 wurden auf diese Weise 6639 neue Arbeitsplätze geschaffen. Als Reaktion auf die Stahlkrise von 1975 wurden das wirtschaftspolitische Instrumentarium nochmals ergänzt und weitere 10 400 industrielle Arbeitsplätze geschaffen.

Dank technologischer Fortschritte und einer ausgezeichneten Produktivität machten die Stahlunternehmen – allen voran AR-BED, die 1967 die HADIR übernahm – große Gewinne und expandierten ins Ausland (Saarland, Flandern, Brasilien). Auf ihrem Höhepunkt im Jahr 1974 waren fast 25 000 Arbeitnehmer in der Luxemburger Stahlindustrie beschäftigt, mithin fast 17 % aller Beschäftigten. Sie produzierten 6,45 Millionen Tonnen

Rohstahl gegenüber 2,5 Millionen Tonnen im Jahr 1950. Ein knappes Drittel des Bruttoinlandprodukts (BIP) stammte aus dem Stahlsektor. Als 1975 die Stahlproduktion weltweit in eine Überproduktionskrise geriet, die durch eine gleichzeitige dramatische Erhöhung der Erdölpreise verschärft wurde, wurde die Abhängigkeit Luxemburgs von der Stahlbranche in brutaler Weise offenbar. Der Produktionsabfall von -28% innerhalb eines Jahres hatte Folgen für die Gesamtwirtschaft, und das BIP fiel 1975 um 6,8%. Schneller als andere EG-Staaten reduzierte Luxemburg die Produktionskapazitäten der Stahlindustrie um 15% und die Anzahl der Beschäftigten um fast die Hälfte auf 13 400 im Jahr 1983, davon fast 30% durch frühzeitigen Eintritt in den Ruhestand. Außerdem wurden öffentliche Arbeiten mit einer Sondersteuer finanziert, um die Arbeitslosen zu beschäftigen. Zur finanziellen Restrukturierung der ARBED kaufte der Staat Aktien und wurde größter Teilhaber (43%). Mittelfristig kam es zu einer technologischen Restrukturierung der ARBED, die seit den 1990er Jahren nur noch Elektrohochöfen betreibt und die Arbeitszeit pro Tonne Walzblech auf ein Drittel reduzieren konnte. Die so genesene ARBED fusionierte 2002 mit einem französischen und einem spanischen Stahlgiganten zum ARCELOR-Konzern, der schließlich 2006 vom indischen Magnaten Lakshmi Mittal aufgekauft wurde und zum größten Stahlproduzenten weltweit avancierte. In Luxemburg waren 2008 nur noch 6500 Personen bei ArcelorMittal beschäftigt. Der Anteil der Metallbranche an der Wertschöpfung der Luxemburger Wirtschaft fiel von fast 30% im Jahr 1970 auf knappe 2% im Jahr 2011.

Dank industrieller Diversifizierung, vor allem aber durch den Aufschwung der Finanzwirtschaft (S. 113), verdreifachten sich die Beschäftigungszahlen von 1985–2007, die sogar noch 2008–2011 anstiegen, während Gesamteuropa einen Beschäftigungsrückgang erlebte. Zu der Umschichtung zugunsten des Dienstleistungssektors trug auch der Aufbau der Telekommunikationsindustrie bei. Schon 1929 hatte der Staat einem Privatsender – später RTL genannt – die landeseigenen Sendefrequenzen (ab 1955 auch fürs Fernsehen) verpachtet. Ähnlich verfuhr die Regierung mit ihren Orbitalpositionen, die sie der Firma SES konzedierte: 1988 wurde in direkter Konkurrenz zu ähnlichen französischen und deutschen Vorhaben der erste ASTRA-Satellit ins Weltall geschossen, 2013 folgte der 54.

Im Vergleich zum unumschränkten Liberalismus der Vorkriegsepoche fallen nach 1945 die zunehmenden Interventionen des Staates im Wirtschaftsleben auf. Dazu gehören einerseits Initiativen zur Ansiedlung neuer Betriebe (Bereitstellung von Bauland, Steuervorteile während der Anlaufphase, günstige Investitionskredite), andererseits förderte auch die Sozialpolitik die Konsumausgaben: Die automatische Anpassung der Löhne an die Entwicklung der Verbrauchspreise wurde 1921 für die Staatsbeamten eingeführt und 1975 verallgemeinert; den Mindestlohn gibt es seit 1944. Das System der sozialen Sicherungen ist eines der umfassendsten Europas; 1986 wurde zudem ein bedingtes Anrecht auf ein Mindesteinkommen für Personen geschaffen, die nicht berufstätig sind und unter der Armutsgrenze leben. Der Wohlfahrtsstaat mit der Sicherstellung eines hohen Konsumniveaus charakterisiert das sogenannte Luxemburger Modell gewiss noch stärker als der auf Konsens bedachte Sozialdialog, in den (bis 2010) Regierung, Gewerkschaften und Arbeitgeber seit der Stahlkrise (1977) institutionell derart stark eingebunden sind, dass man diesbezüglich gar von einem Bedeutungsverlust des gewählten Parlaments sprechen könnte. Die Berufskammern sind seit 1924 und der Wirtschafts- und Sozialrat seit 1966 eingeladen, zu allen ihren Arbeitsbereich betreffenden Gesetzesvorhaben ein Gutachten abzugeben.

Trotz einer gewissen Diversifizierung bleibt die Wirtschaft vom Ausland abhängig, sowohl hinsichtlich des Absatzmarkts wie des Kapitals und des technischen Knowhows. Die Entscheidungszentralen bleiben im Ausland und beschließen nach Konzernlogik, ohne Rücksicht auf nationale Belange. Der Mutterkonzern von Goodyear etwa setzte 1987 die Genehmigung der Sonntagsarbeit durch, und etliche neu angesiedelte Betriebe schlossen ihre Tore nach Ablauf der Subventionen.

Von der Gesellschaftskrise der 70er Jahre zum kulturellen Aufbruch Waren die 1950er Jahre vom wirtschaftlichen Aufschwung geprägt und der politische Diskurs vom Kalten Krieg dominiert – 1956 kam es zur Plünderung der Sowjetbotschaft wegen der Niederschlagung des Ungarnaufstands –, wurde der Alltag seit dem Krieg vom *american way of life* geprägt, mit der Verallgemeinerung von Haushaltsgütern wie Konservendosen, Waschmaschine, Kühlschrank, Auto, Fernsehen, Eigenheim und vielem mehr und dem damit einhergehenden Individualismus. Diese Lebensweise wurde in der gesamten westlichen Welt in den späten 1960er Jahren von einer studentischen Protestwelle in Frage gestellt, die wegen des Auslandsstudiums der meisten Hochschulabsolventen auch Luxemburg erreichte. Die Proteste gegen den Vietnamkrieg und den Einmarsch der Sowjettruppen in Prag, später auch gegen den von der US-Regierung betriebenen Umsturz in Chile oder das Franco-Regime verliefen etwas ruhiger, weil Luxemburg über keine organisierte Studentenschaft verfügte. Die studentischen Proteste, denen sich 1971 auch die Schüler anschlossen, führten aber zu einer Reform der Anerkennung ausländischer Universitätsdiplome (1969). In den Sekundarschulen wurde die Geschlechtertrennung abgeschafft und eine laizistische Alternative zum Religionsunterricht eingeführt. Am 9. Oktober 1973 organisierten die linken Gewerkschaften einen Streik- und Aktionstag gegen die rechtsliberale Regierung, bei dem gesellschaftspolitische Forderungen vor arbeitspolitischen rangierten. 1974 wurde die Mitbestimmung für Betriebe mit mehr als 150 Beschäftigten vorgeschrieben. Am Ende des Jahrzehnts kam es mit der Bildung des OGBL (*Onofhängege Gewerkschaftsbond Lëtzebuerg* / «Unabhängiger Gewerkschaftsbund Luxemburg») zu einem Zusammenschluss in der linken Gewerkschaftsszene, dem sich die christlichen Gewerkschaften aber entzogen.

Das Zweite Vatikanische Konzil hatte schon 1962 bis 1965 eine Erneuerung der katholischen Kirche im Sinne einer Öffnung zur profanen Welt in die Wege geleitet. Seine Beschlüsse wurden 1972–1981 von einer erstmals auch mit Laien besetzten Diözesansynode an die Luxemburger Verhältnisse angepasst. Der Schwund der traditionellen religiösen Praxis wurde damit nicht aufgehalten.

Die Wahlen von 1974 brachten den Bruch mit der Generation von Politikern, die den Krieg noch selbst erlebt hatten. Die CSV verlor drei Mandate, so dass DP und LSAP die einzige Koalitionsregierung seit 1925 ohne Beteiligung der CSV bilden konnten. Diese Reformregierung schaffte die Todesstrafe ab, modernisierte den Strafvollzug und das Scheidungsrecht, legalisierte die Abtreibung, musste aber auch die Erdöl- und die anschließende Stahlkrise bewältigen (S. 108). Hatte die Erdölkrise die «Grenzen des Wachstums» bewusst gemacht, verhinderten Bürgerinitiativen Regierungsprojekte wie den Bau eines Kernkraftwerks in Remerschen (1977) oder eines Riesenturms für das Europäische Parlament auf Kirchberg (1978). Diese Mobilisierung der Zivilgesellschaft hielt in den 1980er Jahren mit der Friedensbewegung gegen die atomare Aufrüstung an. Eine 1979 nach deutschem und belgischem Vorbild gegründete grüne Partei versucht seither nicht ohne Erfolg, diesen Protestbewegungen politischen Ausdruck zu verleihen.

Nach den Wahlen von 1979 konnte eine verjüngte CSV mit der DP eine rechtsliberale Koalition bilden. Sie musste die zweite Welle der Stahlkrise und den zweiten Ölpreisschock bewältigen und unterstützte das gewagte Projekt einer Satellitengesellschaft.

Die seit dem Zweiten Weltkrieg unter anderem durch Dialektausgleich zugunsten der zentralluxemburgischen Varietät angebahnte (sozio-)linguistische Entwicklung führte zu einer vom Deutschen und Französischen abgesetzten Sprachnation. 1984 erhielt die Luxemburger Sprache erstmals ein legales Statut. Mit dieser Initiative sowie der großen historischen Ausstellung zum 150. Jubiläum der Staatswerdung (1989) kam die Regierung auch nationalistischen und sprachpuristischen Tendenzen entgegen, die seit den 1970er Jahren als Reaktion auf die Wirtschaftskrise, die Globalisierung und die zunehmende Immigration Druck machten. Auf Regierungswunsch wurde 1991 die seit 1969 bestehende sonntägliche Fernsehsendung in Luxemburger Sprache zu einer täglichen Nachrichtensendung ausgebaut. Das durch Konzessionsvertrag gesicherte RTL-Monopol auf dem luxemburgischen Radiomarkt wurde 1991 aufgehoben, als der Gesetzgeber die Frequenzen freigab.

Wenn nicht zuletzt dank der Einbindung der Gewerkschaften in den Sozialdialog (*Tripartite*-Gespräche), des Ausschlusses der Arbeitsmigranten vom Wahlrecht und der Förderung des individualistischen Massenkonsums das Wirtschafts- und Sozialsystem die Krisenjahre unbeschadet überstanden hat, so war andererseits der ideologische Block, den die CSV-Partei, die LCGB-Gewerkschaft, die Tageszeitung *Luxemburger Wort* mit ihrem Quasimeinungsmonopol und die katholische Kirche bis dahin bildeten, durch die Gesellschaftskrise in Auflösung geraten. Wohl kämpften etliche konservative Wortführer noch bis zur Jahrtausendwende gegen die angeblich von jeder Gesellschaftskritik ausgehende kommunistische Bedrohung, doch das Ende des Kalten Krieges ließ auch in Luxemburg Denkblockaden aufbrechen. Als 1995 Luxemburg erstmals europäische Kulturstadt war, erlebten Stadt und Land eine explosionsartige Entfaltung der kulturellen Kreativität. Begonnen hatte dieser Aufbruch Mitte der 1980er Jahre in der Literatur mit dem Durchbruch der gesellschaftskritischen Romane von Guy Rewenig und Roger Manderscheid in luxemburgischer Sprache. 2003 erhielt die Luxemburger Künstlerin Su-Mei Tse den Goldenen Löwen bei der 50. Biennale in Venedig. Nach jahrelangen Debatten konnte die Kultur- und Hochschulministerin Erna Hennicot-Schoepges im selben Jahr das Gesetz zur Gründung einer Universität Luxemburg durchbringen, nicht zuletzt weil die Quote der Hochschulabsolventen in Luxemburg eine der niedrigsten in der EU ist. Die historische Aufarbeitung dieser weitreichenden Entwicklungen steht indes noch aus.

Der gebremste Aufschwung des Finanzplatzes Was auf den ersten Blick als gezielte wirtschaftspolitische Maßnahme zur Kompensierung der Verluste infolge der Stahlkrise erscheinen mag, war in Wirklichkeit eher zufallsbedingt. Der Aufstieg Luxemburgs zum weltweit bedeutenden Finanzplatz seit der Mitte der 1970er Jahre beruhte einerseits auf einem in den späten 1920er Jahren geschaffenen gesetzlichen Rahmen (Börse, Holding-Gesellschaft) und andererseits auf Entwicklungen im Ausland, die dortige Banken dazu brachten, in Luxemburg Filialen zu eröffnen. Gegen Ende der 1960er Jahre etablierten sich US-Banken, da ihre Regierung sie dazu anhielt, Dollars außerhalb des US-Markts zu suchen. Deutsche Banken ließen sich nieder, weil die Bundesregierung zur Bekämpfung der Inflation die zinslosen Pflichteinlagen bei der Bundesbank erhöhte. Skandinavische Banken kamen, weil es ihnen in ihren Heimatländern verboten war, Darlehen in Devisen zu gewähren. Die Ölkrise führte ab 1973 zu einem Überschuss an Petrodollars, deren Eigentümer nach Investitionsmöglichkeiten suchten. In Luxemburg sah der legale Rahmen keine Restriktionen für Finanzgeschäfte vor; es gab keine Zentralbank; die Bankenaufsicht war locker, aber streng genug, um Seriosität zu garantieren; es herrschte politische und soziale Stabilität; die Angestellten waren vielsprachig; seit 1965 hatten die Finanz- und Gerichtsbehörden der EWG ihren Sitz in Luxemburg und die politischen und wirtschaftlichen Entscheidungsträger zeigten große Zuvorkommenheit. Zunächst blühte vor allem der Euromarkt mit internationalen Krediten, insbesondere solchen in Eurodollar oder in kompositen Währungen, und die Zahl der Finanzholdings schnellte in die Höhe. Es waren also nicht an erster Stelle steuerliche Vorteile (Inexistenz einer Quellensteuer) oder das Bankgeheimnis, die attraktiv wirkten. Letztere spielten erst in den 1980er Jahren eine zunehmend wichtige Rolle, als der Bankenplatz sich wegen der Zinsbesteuerungspolitik in den Nachbarländern dem *Private Banking* zuwandte. Parallel entwickelte sich dank schneller Umsetzung diesbezüglicher EG-Richtlinien der luxemburgische Investmentfondsmarkt zum heute zweitgrößten der Welt. Bis 1995 stieg die Zahl der Banken auf 220; bis 2013 ging sie vorrangig wegen Fusionen auf 140 zurück. Die Einlagen stiegen bis 2008 kontinuierlich auf 931 Milliarden Euro, fielen dann bis April 2013 auf 750 Milliarden. Bis 2010 wurden über 3600 Investmentfonds gegründet, die über 2500 Milliarden Euro verwalten.

Die Folge dieses Erfolgs ist, dass die Luxemburger Wirtschaft weiterhin monolithisch ausgerichtet ist: Banken und Versicherungen generieren heute über 30% der Staatseinnahmen, knapp 30% der Wertschöpfung und stellen knapp 12% der Arbeitsplätze (40 000) dar. Da seit Jahrzehnten neue Arbeitsplätze hauptsächlich im Dienstleistungssektor geschaffen wurden (außer dem Finanzplatz sind noch unternehmensbezogene Dienstleistungen, das Verkehrswesen, die Nachrichtenübermittelung, das Gesundheits- und Sozialwesen und der Einzelhandel von Bedeutung), fand eine regelrechte Tertiarisierung des Arbeitsmarktes statt, auf dem der Dienstleistungssektor über 70% ausmacht. U. a. deswegen ist seit den 1980er Jahren die Zahl der Grenzpendler regelrecht explodiert (vgl. S. 121). Dank des Finanzsektors kompensiert die hohe Überschüsse ausweisende Dienstleistungsbilanz die seit der Stahlkrise negative Handelsbilanz. Während das BIP von 1960–1975 ein jährliches Wachstum von 4,1% kannte, stieg es nach der Krisenzeit 1975–1984 auf einen Jahresdurchschnitt von 5,2% im Zeitraum 1985–2007, mit Spitzenwerten von 10% in den Jahren 1986 und 1989, so dass es heißt, den 30 «glorreichen Jahren» seien 20 «glänzende Jahre» gefolgt (Paul Zahlen). Umso härter war der Absturz 2008 (-0,8%) und 2009 (-4,1%). Das BIP von 102 145 US-Dollar pro Kopf (2007) macht Luxemburg zu einem der reichsten Länder der Welt, bei einer Bevölkerung, die trotz Krise weiter stark anwuchs und 2010 erstmals eine halbe Million erreichte.

Auf sportlicher Ebene sind die Erfolgsmeldungen seltener. Nennenswert sind die Tour-de-France-Siege von François Faber (1909 als erster Nicht-Franzose), Nicolas Frantz (1927, 1928), Charly Gaul (1958) und Andy Schleck (2010). Auch die olympischen Goldmedaillen von Michel Theato 1900 beim Marathonlauf in Paris und von Josy Barthel 1952 über 1500 Meter in Helsinki sowie die Weltmeistertitel von Elsy Jacobs im Radfahren (1958) und von Sylvie Hülsemann im Wasserski (1961) liegen schon länger zurück.

Doch das Land steht vor zum Teil gewaltigen Herausforderungen. Die Weltwirtschaftskrise von 2007/08, die vorrangig den Finanzmarkt betraf, offenbarte strukturelle Schwächen der Luxemburger Wirtschaft im Allgemeinen und des Bankensektors im Besonderen. Die lukrativen Zweige der Wirtschaft beruhen zum Teil auf Souveränitätsnischen (Holdinggesellschaften [2007 progressiv auf EU-Order abgeschafft], Bankgeheimnis, niedrige

Benzin-, Alkohol- und Tabaksteuern, geringere Mehrwertsteuer), die nicht unbedingt Ergebnis einer bewussten Politik waren und die im Zuge der wachsenden Regulierung durch die EU verschwinden werden. Die Altersversorgung setzt ein Wirtschaftswachstum von durchschnittlich 4% jährlich voraus – eine Vorgabe, die kaum noch zu halten ist. Der ökologischen Herausforderung (Klimawandel, Energieknappheit, Landschaftsverbrauch) begegneten die sich folgenden Regierungen mit eher hilflosen Maßnahmen. Mit 11,82 gha/Person hinterließ Luxemburg 2010 den weltweit größten ökologischen Fußabdruck. Die steigende Arbeitslosigkeit (2010: mehr als 7%), die große Wohnungsnot, die hohe Scheidungsrate und die Schuldenfalle sorgten 2009 für ein Ansteigen des Armutsrisikos auf 14,9% der Wohnbevölkerung, auch wenn diese Grenze mit einem Einkommen von 1588 Euro im Monat verhältnismäßig hoch lag. Nur eine den Bedürfnissen besser angepasste Ausbildung wird dem Lande neue wirtschaftliche Wachstumschancen bringen.

Die Beteiligung am europäischen Integrationsprozess Bei der Verleihung des Karlspreises der Stadt Aachen an das Luxemburger Volk im Jahr 1986 meinte der Aachener Bürgermeister in seiner Laudatio: «*Luxemburg hat aus der Not, der kleinste Partner in der Gemeinschaft zu sein, die Tugend der europäischen Dimension gemacht und oft genug die größeren Weggefährten in ihrem kleinlichen, mißtrauischen Provinzialismus durch Weitblick und Entschlossenheit beschämt. (…) Das Luxemburger Volk hat seine Grenzen weit geöffnet und ist der Gastgeber vieler Nationalitäten, ohne seine ethnische, kulturelle und sprachliche Eigenart zu verlieren. Diesem europäischen Menschen, dem normalen Bürger, dem unbeirrten Luxemburger, soll heute gedankt werden. (…) Er will Luxemburger bleiben. Aber er weiß, daß er als solcher nur Zukunft hat, wenn er auch Europäer ist.*»

Die Beteiligung Luxemburgs am europäischen Integrationsprozess, zu dem der in Luxemburg geborene französische Außenminister Robert Schuman 1951 aufrief, war nie Gegenstand öffentlicher Debatten oder parteipolitischer Auseinandersetzungen. Angesichts der wirtschaftlichen Bedeutung der Stahlproduktion musste sich Luxemburg an der Europäischen Gemeinschaft für Kohle und Stahl (EGKS) beteiligen und wurde zu einem der größten Nutznießer des beginnenden Globalisierungsprozesses. 1952 wurde die Hauptstadt provisorisch der erste Sitz der Hohen Behörde. Trotzdem misstraute Außenminister Joseph Bech der Übertragung von zu vielen Souveränitätsrechten auf eine supranationale Instanz und fürchtete, bei zu viel Bewegungsfreiheit würde Luxemburg von italienischen Gastarbeitern überschwemmt. Nichtsdestoweniger wurden die Römischen Verträge von 1957 fast einstimmig (ohne die Stimmen der KPL) ratifiziert.

Die einzige umstrittene Frage war die des Sitzes: Welche Institutionen sollten nach Luxemburg kommen? Aus den genannten Gründen weigerte sich Bech 1957, Luxemburg als einzigen Sitz aller EWG-Behörden vorzuschlagen. Die Idee von Jean Monnet, aus dem Großherzogtum einen europäischen Distrikt nach dem Vorbild von Washington D. C. zu machen, stieß nicht auf Gegenliebe. Da die sechs Regierungen sich auf keine gemeinsame europäische Hauptstadt einigen konnten, blieb es bis heute bei der örtlichen Aufsplitterung der Institutionen. In Luxemburg sind seit dem Fusionsvertrag von 1965 der Gerichtshof, das Sekretariat des Parlaments, die Investitionsbank, das Rechenzentrum, das Statistische Amt und das Amt für Veröffentlichungen angesiedelt; 1977 kam der Rechnungshof hinzu. Drei Monate im Jahr tagt der Ministerrat in Luxemburg, wo seit 1963 auf Kirchberg ein neues Stadtviertel mit neuen Gebäuden für die meisten EU-Institutionen entstanden ist.

In den Verhandlungen nahmen die Luxemburger Diplomaten stets eine vorsichtige, dem im Hinblick auf Fläche und Bevölkerungszahl geringen Gewicht des Landes entsprechende Haltung ein. Statt den Konsens der anderen Mitgliedsstaaten um luxemburgischer Interessen willen aufzuweichen, erbaten sie in vitalen Fragen Ausnahmeregelungen. So wurde Luxemburg gestattet, seine rückständige Landwirtschaft durch die längere Aufrechterhaltung von Importbeschränkungen zu schützen. In Sachen Zirkulationsfreiheit erhielt Luxemburg stets die Erlaub-

nis, seine Grenzen aus Rücksicht auf den kleineren Arbeitsmarkt erst später zu öffnen. Bei der Zusammensetzung der Hohen Behörde der EGKS gelang es den Verhandlungsführern, die
Zahl der Mitglieder von geplanten fünf auf neun zu erhöhen, so
dass auch Luxemburg ein Mitglied zustand. In der parlamen-
tarischen Versammlung der EGKS stellte Luxemburg 4 von
224 Abgeordneten, im Straßburger EWG-Parlament 6 von 142,
heute im EU-Parlament 6 von 766 aus 28 Mitgliedsstaaten.

Angesichts der Selbst- und Fremdbeweihräucherung in Sachen europäische Gesinnung der Luxemburger, der einfluss-
reichen Rolle, die etliche Luxemburger Spitzenpolitiker in der
EU gespielt haben – erwähnt seien nur der auf Premierminister
Pierre Werner zurückgehende Plan einer europäischen Wäh-
rung (1970) oder die 1992 im Maastrichter Vertrag festge-
schriebene Wirtschafts- und Währungsunion, die Finanzminis-
ter Jean-Claude Juncker maßgeblich mitgestaltet hat –, und der
eindeutigen Vorteile, die Luxemburg aus der Mitgliedschaft in
EGKS, EWG und schließlich EU zog und zieht – zu nennen sind
eine Friedensperiode von über 60 Jahren, ein zollfreier Binnen-
markt, eine völlige Bewegungs- und Niederlassungsfreiheit,
substanzielle Zuwendungen aus dem Sozialfonds bei der Re-
konversion der Stahlindustrie, zahlreiche Arbeitsplätze dank
Präsenz der EU-Institutionen –, war das schwache Ja (56%) zur
EU-Verfassung, das die Wähler im Juli 2005 trotz der Rücktritts-
drohung von Jean-Claude Juncker abgaben, sicher eine Enttäu-
schung. Die Ursache dafür dürfte in einer bunten Mischung von
Aufbegehren vieler Globalisierungsgegner, Trotzreaktion gegen
den bisherigen Ausschluss vom anonymen EU-Entscheidungs-
prozess, Protest gegen die Verankerung eines neoliberalen Wirt-
schaftsmodells in der EU-Verfassung und identitären Rück-
zugsbestrebungen gewisser nationalistischer Kreise zu suchen
sein.

Dafür gewinnt seit etwa 30 Jahren die sogenannte Großregion, zu der außer Luxemburg die französische Region Lorraine,
die Bundesländer Saarland und Rheinland-Pfalz, Wallonien und
die Deutschsprachige Gemeinschaft in Belgien gehören, an
praktischer Bedeutung, vor allem was den Arbeitsmarkt anbe-

langt (vgl. S. 120), aber auch im Hinblick auf das Konsumver-
halten und zunehmend für die kulturellen Angebote.

19. Wanderungsbewegungen

Vor der Industrialisierung In den Kapiteln zur Vor- und Frühge-
schichte wurde auf die archäologisch nachweisbaren Wande-
rungsbewegungen hingewiesen, die der Großraum um Luxemburg seit der Steinzeit erfahren hat. Von besonderer Bedeutung
war die gallo-römische Epoche, während der ein keineswegs ein-
seitiger kultischer, kulinarischer, architektonischer, linguisti-
scher Akkulturationsprozess stattfand, der letzten Endes alle
Lebensbereiche erfasste. Im Mittelalter hörten die Wanderun-
gen nicht auf: Die Städte hätten angesichts der höheren Sterb-
lichkeit ohne demographischen Zuzug aus dem Umland gar
nicht überleben können. Pilger, Händler und Bettler bevölkerten die Fernstraßen und erklären zum Teil die hohe Zahl von
Hospizen und Hospitälern in Abteien, an Stadttoren oder auch
in isolierter Lage mitten in den Ardennen. In der Frühen Neuzeit überwogen Migrationen von Soldaten, entlassenen Söld-
nern oder Bauarbeitern im Gefolge von Kriegszerstörungen.
Ludwig XIV. förderte nach der Eroberung Luxemburgs bewusst
die Ansiedlung von Zuwanderern aus dem französischen Bin-
nenland.

Nach der industriellen Revolution Die Integration Luxemburgs
in den Deutschen Zollverein zog den Transfer von Kapital, Gü-
tern, Knowhow, aber auch von Menschen nach sich: Die deutschen Investoren stellten in ihren Luxemburger Werken deutsche Ingenieure und Facharbeiter ein, weil den einheimischen
Arbeitsuchenden das nötige Fachwissen fehlte. Da sie sich mit
ihren Familien hier niederließen, stellten die Deutschen bis zum
Ersten Weltkrieg über die Hälfte und 1920–40 immer noch
mehr als 40% der in Luxemburg wohnenden Ausländer (1875:

3%, 1910: 15% der Bevölkerung). Für die minder bezahlten Arbeiten in den Minen, in den Hüttenwerken und in der Baubranche wurden italienische Wanderarbeiter angeheuert, die oft ohne Familienanhang kamen und auf der Suche nach besseren Arbeitsbedingungen den Betrieb, sei es in Luxemburg, in Lothringen oder im Saarland, häufig wechselten. Etliche italienische Unternehmer ließen sich auch dauerhaft nieder, gründeten Baufirmen oder boten von ihren Landsleuten nachgefragte Produkte (Teigwaren) und Dienstleistungen (Gastgewerbe) an. In den Industriestädten im Süden des Landes entstanden regelrechte italienische Viertel.

Die Entwicklungskurve der Immigration erreichte 1910 15,3%, 1930 18,6%. Sie folgte ziemlich genau der wirtschaftlichen Wachstumskurve, so dass die Italiener als Motor in Zeiten des Wachstums und als Sicherheitsventil in Krisenzeiten bezeichnet wurden. In den 1920er Jahren konnten viele italienische Antifaschisten in Luxemburg Arbeit und Zuflucht finden, ohne den Flüchtlingsstatus beantragen zu müssen. Die Regierung vergab die Luxemburger Staatsangehörigkeit allerdings immer seltener (S. 86) und verschärfte 1940 per Gesetz den Zugang zur Nationalität.

Obschon nach dem Zweiten Weltkrieg der Bedarf an ausländischen Arbeitskräften sehr hoch war, praktizierte die Regierung eine restriktive Einwanderungspolitik und schloss sich den Maßnahmen zugunsten der Bewegungsfreiheit auf der Ebene der EGKS, der EWG und schließlich der EU nur sehr zögerlich an. Vor allem im Baugewerbe, das wegen des Wiederaufbaus und des nachfolgenden Wirtschaftswachstums blühte, fanden zahlreiche Italiener eine Anstellung, während die hohen Löhne die Stahlindustrie nunmehr auch für Luxemburger attraktiv machten und Ausländer dort seltener eingestellt wurden. Als im Lauf der 1950er Jahre die italienische Einwanderung nachließ, weil in Norditalien selbst die Wirtschaft boomte, versuchte die Regierung, die Familienzusammenführung zu erleichtern, die jährlichen Einwanderungskontingente zu erhöhen, den Bau von Migrantenwohnheimen und Betriebswohnungen zu fördern und einen Sozialdienst für Einwanderer aufzubauen. Doch es

waren portugiesische Arbeitsmigranten, die von dieser Liberali-
sierung profitierten. Die ersten kamen aus Lothringen und ließen bald ihre Verwandten und Nachbarn aus Portugal nachkommen. Die Niederlassung ganzer Familien veränderte die In-
tegrationsbedingungen. Weder der Wohnungsmarkt, der ohnehin sehr angespannt ist, noch das Schulsystem haben sich bis
heute an die neue Lage angepasst.

Im postindustriellen Zeitalter In den 1970er Jahren führte die
wirtschaftliche Entwicklung zum weiteren Anwachsen der Zahl
der niedergelassenen Ausländer. In den Banken und bei den europäischen Behörden arbeiten allerdings Angestellte, die kaum
Gemeinsamkeiten mit den bisherigen Migranten aus dem
Bausektor, dem Gastgewerbe oder den Reinigungsfirmen haben. Die Beamten internationaler Institutionen und die Mana-
ger in den Chefetagen des Finanzsektors repräsentieren hingegen einen transnationalen Migrantentyp, der stets zum Wechsel
an einen anderen Arbeitsort bereit ist. Von kultureller oder politischer Integration in die Wohngesellschaft kann keine Rede
sein.

Da der Wohnungsmarkt nicht so schnell wuchs wie der Arbeitskräftebedarf, griff nicht nur der exponentiell wachsende
Dienstleistungssektor, sondern selbst die Großindustrie immer
stärker auf Grenzgänger zurück, die täglich zwischen ihrem
Wohnort jenseits der französischen, belgischen oder deutschen
Grenze und ihrem Arbeitsort im Großherzogtum hin und her
pendeln. Der Arbeitsmarkt hat sich im 21. Jh. grenzüberschrei-
tend auf die Großregion ausgeweitet. In den Luxemburg am
nächsten liegenden Gemeinden steigen die Preise auf dem Wohnungsmarkt. Eine Folge ist die zunehmende Belastung der Ver-
kehrsinfrastruktur. Wegen der Sprachbarrieren wächst bei einem Teil der Wohnbevölkerung die Abneigung gegen «Ausländer» im Allgemeinen. Trotzdem kam es bislang nicht zu offen
gezeigter Fremdenfeindlichkeit oder zum Wahlerfolg rechtsradi-
kaler Parteien. Ein gewisser Rechtsruck in den konservativen
Parteien, vor allem in Form einer Neubelebung nationaler Sym-
bole, ist aber seit den 1980er Jahren unverkennbar. 1984 konn-

te die sprachpuristische Bewegung «Aktioun Lëtzebuergesch» die gesetzliche Verankerung der Luxemburger Sprache durchsetzen (vgl. S. 111). 2001 wurde die Beherrschung des Luxemburgischen zur Bedingung erhoben, um die Luxemburger Nationalität zu erwerben. 2008 wurde die Regelung weiter verschärft, jedoch auch die doppelte Staatsangehörigkeit ermöglicht. Am alltäglichen Sprachenpluralismus der in Luxemburg arbeitenden Menschen und an der Mehrsprachigkeit der hier Aufgewachsenen wird sich kaum etwas ändern.

Seit den Balkankriegen strömen politische Flüchtlinge ins Land, von denen die Regierung allerdings die meisten als angeblich verkappte Arbeitsmigranten zurückweist. Die traditionellen Einwanderer aus Italien und Portugal werden seither fast als integriert angesehen. Ihre Rolle als «Krisenpuffer» auf dem Arbeitsmarkt wurde von den Grenzgängern übernommen.

Auf dem Arbeitsmarkt, d. h. tagsüber, bilden seit den 1990er Jahren Ausländer die Mehrheit in Luxemburg. 2009 stellten die Grenzgänger 44%, die Luxemburger 29%, niedergelassene EU-Bürger 24% und Nicht-EU-Bürger 3% der Lohnempfänger. Nur in den öffentlichen Verwaltungen bilden Luxemburger mit 88% eine eindeutige Mehrheit; im Gastgewerbe und in der Baubranche stellen sie nur noch knapp 10%. Wie im 19. Jh. besetzen Ausländer die oberen und die unteren Sprossen der sozialen Leiter. 2009 lebten in Luxemburg 43,7% Ausländer und 56,3% Luxemburger; von letzteren hatten 37% zwei Eltern und vier Großeltern mit Luxemburger Staatsangehörigkeit. Durch die Anerkennung der doppelten Staatsangehörigkeit dürfte der Prozentsatz der Luxemburger, aber auch der Anteil der Wahlberechtigten an der Wohnbevölkerung, der 2004 unter die 50%-Marke gefallen war, wieder leicht steigen.

Ausgewählte Literatur

Eine ausführliche, regelmäßig aktualisierte Bibliographie zur transnationalen Geschichte Luxemburgs ist auf folgender Internetseite zu finden: http://www de.uni.lu/formations/flshase/bachelor_en_cultures_europeennes_histoire_aca demique/bibliographie. Eine kontinuierlich ergänzte Bibliographie aller in und über Luxemburg erschienenen Arbeiten ist über das Internetportal http:// www.bnl.public.lu/fr/bibliographie/index.html zu erreichen.

In der folgenden Auswahl werden vor allem einführende Werke und jüngere Forschungsarbeiten aufgeführt, deren jeweilige Bibliographie dann weiterhelfen kann.

Allgemeine Einführungen

L'économie luxembourgeoise au 20e siècle, réalisé par le STATEC sous la direction de Robert Weides, Esch-sur-Alzette 1999

L'économie luxembourgeoise. Un kaléidoscope 2008, rédaction: Paul Zahlen (STATEC), Luxembourg 2009

Histoire du Luxembourg. Le destin d'un «petit pays», sous la direction de Gilbert Trausch, Toulouse 2002

Le Luxembourg au tournant du siècle et du millénaire, sous la direction de Gilbert Trausch, Esch-sur-Alzette 1999

Luxembourg, un demi-siècle de constantes et de variables, sous la coordination de Guy SCHULLER, Luxembourg 2013

Der Luxemburg Atlas. Atlas du Luxembourg, hrg. v. Patrick Bousch, Tobias Chilla u. a., [Köln] 2009

Paul Margue, Marie-Paule Jungblut, Le Luxembourg et sa monnaie, [Luxembourg] 1990

Mémorial 1989. La société luxembourgeoise de 1839 à 1989, o. O., 1989

Michel Pauly, Questions autour d'une parure en coquillages trouvée à Waldbillig. Plaidoyer pour une perspective trans- ou meta-nationale de l'histoire luxembourgeoise, in: Hémecht 58 (2006), S. 9–33

Michel Pauly, Was unterscheidet die Muschelkette aus Waldbillig von der Igeler Säule? Von der trans- zur metanationalen Perspektive in der Nationalgeschichte am Beispiel Luxemburgs, in: http://geschichte-transnational.clio-online.net/forum/id=895&type=artikel; http://hsozkult. geschichte.hu-berlin.de/forum/id=897&type=diskussionen

Pit Péporté, Sonja Kmec, Benoît Majerus and Michel Margue, Inventing

Luxembourg. Representations of the Past, Space and Language from the Nineteenth to the Twenty-First Century, Leiden/Boston 2010

Daniel Spizzo, La nation luxembourgeoise. Genèse et structure d'une identité, Paris 1995

Guy Thewes, Les gouvernements du Grand-Duché de Luxembourg depuis 1848, Luxembourg 2006²

Gilbert Trausch, Du particularisme à la nation. Essais sur l'histoire du Luxembourg de la fin de l'Ancien Régime à la Seconde Guerre mondiale, Luxembourg 1989

Gilbert Trausch, Le Luxembourg - Émergence d'un État et d'une Nation, Anvers 2007²

La Ville de Luxembourg. Du château des comtes à la métropole européenne, sous la direction de Gilbert Trausch, Anvers 1994

Detailstudien zu einzelnen Epochen

1848: Auf der Suche nach der verlorenen Revolution, in: forum Nr. 185/Juli 1998, S. 16–53

Die Abtei Echternach 698–1998, hrg. v. Michele Camillo Ferrari, Jean Schroeder und Henri Trauffler (Publications du CLUDEM 15), Luxemburg 1999

An der Schwelle zur Neuzeit? Luxemburg im Europa des ausgehenden 16. Jahrhunderts (Catalogues du Musée d'Histoire de la Ville de Luxembourg 2), Luxemburg 1997

Les années trente, base de l'évolution économique, politique et sociale du Luxembourg d'après-guerre? Actes du colloque de l'ALEH du 27–28 octobre 1995 (Beiheft zu Hémecht), Luxembourg 1996

Vincent Artuso, La collaboration au Luxembourg durant la Seconde Guerre mondiale (1940–1945). Accomodation, Adaptation, Assimilation, (Luxemburg-Studien / Etudes luxembourgeoises, 4), Frankfurt am Main 2013)

ASTI 30+. 30 ans de migrations, 30 ans de recherches, 30 ans d'engagements, éd. p. Michel Pauly, Luxembourg 2010

Alain Atten, Le Luxembourg à la fin de l'Ancien Régime. Structures politiques, sociales et économiques du duché de Luxembourg au 18e siècle (Catalogue Série ANLUX 2), Luxembourg 1989

Albert Calmes, Histoire contemporaine du Grand-Duché de Luxembourg, 5 vol., Luxembourg 1939–1971 [betr. 1815–1848]

Christian Calmes, 1867. L'affaire du Luxembourg, Luxembourg 1967

Christian Calmes, 1914–1919. Le Luxembourg au centre de l'annexionnisme belge, Luxembourg 1976

Christian Calmes, 1919. L'étrange référendum du 28 septembre, Luxembourg 1979

Collaboration: Nazification? Le cas du Luxembourg à la lumière des situations française, belge et néerlandaise. Actes du Colloque international, mai 2006, Luxembourg [2008]

Commission spéciale pour l'étude des spoliations des biens juifs au Luxembourg pendant les années de guerre 1940–1945, Rapport final, Luxembourg 2009

CSV – Spiegelbild eines Landes und seiner Politik? Geschichte der Christlich-Sozialen Volkspartei im 20. Jh., hrg. v. Gilbert Trausch, Luxemburg 2008

Les courants politiques et la Résistance: Continuités ou ruptures? Colloque international Esch-sur-Alzette, Avril 2002, Luxembourg 2003

Paul Dostert, Luxemburg zwischen Selbstbehauptung und nationaler Selbstaufgabe. Die deutsche Besatzungspolitik und die Volksdeutsche Bewegung 1940–1945, Luxemburg 1985

Ermesinde et l'affranchissement de la ville de Luxembourg. Études sur la femme, le pouvoir et la ville au XIIIe siècle, éd. p. Michel Margue (Publ. du CLUDEM 7/Publ. du Musée d'Histoire de la Ville de Luxembourg I), Luxembourg 1994

… et wor alles net esou einfach. Questions sur le Luxembourg et la deuxième Guerre mondiale. Fragen an die Geschichte Luxemburgs im Zweiten Weltkrieg. Lesebuch zur Ausstellung (Publ. du Musée d'Histoire de la Ville de Luxembourg X), Luxembourg 2002

Europäische Governance im Spätmittelalter. Heinrich VII. von Luxemburg und die großen Dynastien Europas. Tagungsband der 15. Journées lotharingiennes, hrg. v. Michel Pauly (PSH 124; Publ. du CLUDEM 27), Luxembourg 2010

Ben Fayot, Sozialismus in Luxemburg, 2 Bände, Luxemburg 1979/[1989]

La formation territoriale du pays de Luxembourg depuis les origines jusqu'au milieu du quinzième siècle. Catalogue de l'exposition organisée par les Archives de l'État, Luxembourg 1963

Norbert Franz, Der Finanzplatz Luxemburg als Ergebnis wirtschaftlichen Bedarfs, politischen Willens und europäischer Integration, in: Europas Finanzzentren. Geschichte und Bedeutung im 20. Jh., hrg. v. Christoph Maria Merki, Frankfurt a. M./New York 2005, S. 149–165

Norbert Franz, Nation oder Partikularismus. Die Revolution von 1848/49 in Luxemburg, in: »Der schlimmste Punkt in der Provinz«. Demokratische Revolution 1848/49 in Trier und Umgebung. Katalog-Handbuch zur Ausstellung des Städtischen Museums Simeonstift Trier vom 4.10.1998–30.4.1999, Trier 1998, S. 644–661

Peter Gilles, Dialektausgleich im Lëtzebuergeschen. Zur phonetisch-phonologischen Fokussierung einer Nationalsprache (Phonai 44), Tübingen 1999

Peter Gilles/Claudine Moulin, Luxembourgish, in: Germanic Standardizations. Past to Present, ed. by Ana Deumert and Wim Vandenbussche (Impact: Studies in language and society 18), Amsterdam/Philadelphia 2003, S. 303–329

Germaine Goetzinger, Gast Mannes, Roger Muller, Lëtzebuergesch: «eng Ried, déi vun allen am meeschten ëm ons kléngt» (A. Meyer): eine Sprache geht ihren Weg: von «onst Däitsch» zu «eiser Sprooch»: Ausstellung und Katalog, Mersch: Centre national de littérature, 2000

Thierry Grosbois, Le Luxembourg et l'historiographie de la construction européenne, in: Hémecht 60 (2008), S. 415–435

Heinz Heinen, Trier und das Tevererland in römischer Zeit (2000 Jahre Trier, 1), Trier 1985

Georges Heisbourg, Le Gouvernement luxembourgeois en exil, 4 vol., Luxembourg 1986–1991

L'histoire, le présent et l'avenir du modèle social luxembourgeois, éd. p. Serge Allegrezza, Mario Hirsch et Norbert von Kunitzki, Luxembourg 2003

Jörg K. Hoensch, Die Luxemburger. Eine spätmittelalterliche Dynastie gesamteuropäischer Bedeutung 1308–1437, Stuttgart 2000

Un itinéraire européen: Jean l'Aveugle, comte de Luxembourg et roi de Bohême (1296–1346), éd. p. Michel Margue (Publ. du CLUDEM 12), Bruxelles 1996

Johann der Blinde, Graf von Luxemburg, König von Böhmen, 1296–1346. Tagungsband der 9es Journées Lotharingiennes, hrg. v. Michel Pauly (PSH 115; Publ. du CLUDEM 14), Luxembourg 1997

Klëppelkrich. Erinnerungen einer Landschaft, hrg. v. Islek oni Grenzen, o. O., o. J. [Publications nationales, 2002]

Das Leben in der Bundesfestung Luxemburg (1815–1867), hrg. v. Musée d'Histoire de la Ville de Luxembourg, Luxemburg 1993

René Leboutte, Jean Puissant, Denis Scuto, Un siècle d'histoire industrielle (1873–1973). Belgique, Luxembourg, Pays-Bas. Industrialisation et société, Paris 1998

Alfred Lefort, Histoire du Département des Forêts (le duché de Luxembourg de 1795 à 1814) d'après les archives du Gouvernement Grand-Ducal et des documents français inédits (PSH 50), Luxembourg 1905

Stefan Leiner, Migration und Urbanisierung. Binnenwanderungsbewegungen, räumlicher und sozialer Wandel in den Industriestädten des Saar-Lor-Lux-Raumes 1856–1910 (Veröffentl. der Kommission für Saarländische Landesgeschichte und Volksforschung 23), Saarbrücken 1994

Lotharingia. Eine europäische Kernlandschaft um das Jahr 1000. Referate eines Kolloquiums vom 24. bis 26. Mai 1996 in Saarbrücken, hrg. v. Hans-Walter Herrmann und Reinhard Schneider (Veröffentl. der Kommission für Saarländische Landesgeschichte und Volksforschung 26), Saarbrücken 1995

Claude Loutsch, Bertels et les historiens luxembourgeois du XVIe siècle, in: Hémecht 58 (2006), S. 461–482

Claude Loutsch, La notion de patrie chez les humanistes luxembourgeois, in: Hémecht 60 (2008), S. 269–283

Joseph Maertz, Entstehung und Entwicklung der Wallfahrt zur Trösterin der Betrübten in Luxemburg 1624–1666, in: Hémecht 18 (1966), S. 7–132

La Maison d'Ardenne. Xe–XIe siècles. Actes des [1es] Journées Lotharingiennes (PSH 95), Luxembourg 1981

Benoît Majerus, Besetzte Vergangenheiten: Erinnerungskulturen an den Zweiten Weltkrieg in Luxemburg – eine historiografische Baustelle, in: Hémecht 64 (2012), S. 23–43

Michel Margue/Michel Pauly, Luxemburg vor und nach Worringen. Die Auswirkungen der Schlacht von Worringen auf die Landesorganisation sowie die Territorial- und Reichspolitik der Grafen von Luxemburg, in: Jahrbuch für westdeutsche Landesgeschichte 16 (1990), S. 111–174

Michel Margue et Michel Pauly, Saint-Michel et le premier siècle de la ville de Luxembourg. Quelques réflexions sur l'apport de l'histoire religieuse à l'étude des origines de la ville, in: Hémecht 39 (1987), S. 5–83

Jeannot Metzler, Das treverische Oppidum auf dem Titelberg (G.-H. Luxemburg). Zur Kontinuität zwischen der spätkeltischen und der frührömischen Zeit in Nord-Gallien (Dossiers d'archéologie du Musée national d'histoire et d'art III), 2 Bände, Luxemburg 1995

Claudine Moulin, Grammatisierung und Standardisierung des Lëtzebuergeschen. Eine grammatikographisch-sprachhistorische Annäherung, in: Perspektiven einer linguistischen Luxemburgistik. Diachronie und Synchronie, hrg. v. Claudine Moulin und Damaris Nübling, Heidelberg 2006, S. 305–339

Michel Parisse, Désintégration et regroupements territoriaux dans les principautés lotharingiennes du XIe au XIIIe siècle, in: Zwischen Gallia und Romania, Frankreich und Deutschland. Konstanz und Wandel raumbestimmender Kräfte. Vorträge auf dem 36. Deutschen Historikertag, Trier, 8.–12. Oktober 1986, hrg. v. Alfred Heit (Trierer Historische Forschungen 12), Trier 1987, S. 155–180

Michel Pauly, Die Anfänge der kleineren Städte im früheren Herzogtum Luxemburg vor 1500, in: Siedlungsforschung. Archäologie – Geschichte – Geographie 11 (1993), S. 123–165

Michel Pauly, De l'Austrasie à Sarre-Lor-Lux: la «Grande Région», une entité historique?, in: Lorraine, Luxembourg et Pays Wallons. Mille ans d'une histoire partagée du Moyen Age à nos jours. Actes du colloque tenu les 22–23 février 2007 au Conseil Régional de Lorraine, réunis par François Roth (Annales de l'Est 58 (2008), numéro spécial), Nancy 2008, S. 307–326

Michel Pauly, Oberlotharingien im 15.–17. Jahrhundert., in: Incubi Succubi. Hexen und ihre Henker bis heute. Ein historisches Lesebuch zur Ausstellung, hrg. v. Franz Irsigler und Rita Voltmer (Publ. scientifiques du Musée d'Histoire de la Ville de Luxembourg IV), Luxembourg 2000, S. 13–31

Hans Pohl, Grundzüge der Wirtschaftsgeschichte Luxemburgs von der zweiten Hälfte des 19. Jahrhunderts bis in die 20er Jahre, in: VSWG 86 (1999), S. 309–342

Préhistoire et Protohistoire au Luxembourg (Les collections du Musée national d'histoire et d'art 1), Luxembourg 2005

Das Prümer Urbar als Geschichtsquelle und seine Bedeutung für das Bitburger- und Luxemburger Land (Beiträge zur Geschichte des Bitburger Landes 11/12), Bitburg 1993

Winfried Reichert, Landesherrschaft zwischen Reich und Frankreich. Verfassung, Wirtschaft und Territorialpolitik in der Grafschaft Luxemburg von der Mitte des 13. bis zur Mitte des 14. Jahrhunderts (Trierer Historische Forschungen 24), 2 Bände, Trier 1993

La révolution de 1848 et les débuts de la vie parlementaire au Luxembourg. Études publiées par la Chambre des Députés à l'occasion du cent-cinquantenaire de la Constitution de 1848. Dossier réuni par Gilbert Trausch, Luxembourg 1998

Rob Roemen, Aus Liebe zur Freiheit. 150 Jahre Liberalismus in Luxemburg, Luxemburg 1995

Paul Schiltz, Les répercussions de la Guerre de Trente Ans au Luxembourg 1635–1659, in: Hémecht 55 (2003), S. 137–195, 309–374, 563–586

Bernhard Schneider, Katholische Reform, Konfessionalisierung und spanische Kirchenpolitik: zur Entstehung des Luxemburger Jesuitenkollegs zwischen 1583 und 1603, in: Hémecht 46 (1994), S. 17–36

Denis Scuto, Le centenaire des assurances sociales au Grand-Duché de Luxembourg (1901–2001), in: Bulletin luxembourgeois des questions sociales 11 (2002), S. 29–37

Denis Scuto, Mémoire et histoire de la Seconde Guerre mondiale au Luxembourg. Réflexions sur une cohabitation difficile, in: Hémecht 58 (2006), S. 499–513

Denis Scuto, La nationalité luxembourgeoise (XIXe-XXIe siècles). Histoire d'un alliage européen, Bruxelles 2012

La seigneurie rurale en Lotharingie. Actes des 3es Journées lotharingiennes (PSH 102), Luxembourg 1986

Jürgen Stoldt, Luxemburg – Kern Europas, in: Aus Politik und Zeitgeschehen 8/2008, S. 19–25

Guy Thewes, Le cadastre de Marie-Thérèse: mythe et historiographie, in: Hémecht 60 (2008), S. 343–362

Guy Thewes, La réforme administrative de Joseph II dans le duché de Luxembourg, in: Hémecht 53 (2001), S. 529–544

Guy Thewes, Stände, Staat und Militär. Versorgung und Finanzierung der Armee in den Österreichischen Niederlanden 1715–1795 (Schriftenreihe der Österreichischen Gesellschaft zur Erforschung des 18. Jahrhunderts, 14), Wien/Köln/Weimar 2012

Gilbert Trausch, Die Bedeutung des Zweiten Weltkriegs und der deutschen

Besatzung für die Geschichte des Großherzogtums Luxemburg, in: Hémecht 39 (1987), S. 360–374

Gilbert Trausch, Contribution à l'histoire sociale de la question du Luxembourg 1914–1922, in: Hémecht 26 (1974), S. 6–118

Gilbert Trausch, Du Zollverein à l'Union économique belgo-luxembourgeoise (1914–1922). Un virage difficile pour un petit pays, in: Hémecht 36 (1984), S. 343–390

Gilbert Trausch, L'industrie face au pays. Un siècle de relations ambivalentes au Luxembourg, in: FEDIL 1918–1993. Plaquette éditée à l'occasion du 75e anniversaire de la Fédération des Industriels Luxembourgeois [1993]

Gilbert Trausch, Le Luxembourg entre la France et la Belgique. 1914–1922, in: Hémecht 27 (1975), S. 7–32

Gilbert Trausch, L'octave de Notre-Dame de Luxembourg aux prises avec le joséphisme et les réformes catholiques du 18e siècle, in: Hémecht 18 (1966), p. 333–362

Gilbert Trausch, La stratégie du faible: le Luxembourg pendant la Première Guerre mondiale (1914–1919), in: Le rôle et la place des petits pays en Europe au XXe siècle, sous la direction de Gilbert Trausch (Publ. du Groupe de liaison des professeurs d'histoire contemporaine auprès des Communautés européennes 6), Baden-Baden/Bruxelles 2005, S. 45–176

Les valeurs au Luxembourg. Portrait d'une société au tournant du 3ᵉ millénaire, sous la direction de Michel Legrand, Luxembourg 2002

Hans-Erich Volkmann, Luxemburg im Zeichen des Hakenkreuzes. Eine politische Wirtschaftsgeschichte 1933 bis 1944, Paderborn u. a. 2010

Jean-Marie Yante, Le Luxembourg mosellan. Production et échanges commerciaux 1200–1560, Bruxelles 1996

gr-atlas.uni.lu